地域女性史への道

祖母たち・母たちの物語を紡ぐ

折井美耶子 著

ドメス出版

はじめに

二〇〇一（平成一三）年に『地域女性史入門』（ドメス出版）を出版しました。そのなかで、地域女性史とは何を明らかにするのか、地域とは何かなど、私のささやかな経験から述べさせていただきました。幸いこの本を活用してくださった方々もあると聞きうれしく思っています。

本書には、地域女性史に関して、またオーラル・ヒストリーや史資料保存の問題などについて、いくつかの雑誌に書かせていただいた拙文を収録しました。時代的に問題意識が少々ずれているものもありますが、それもまた地域女性史をめぐっての一つの経過とも考えて収録することにいたしました。

振り返ってみますと、大学時代に高群逸枝《たかむれいつえ》の『母系制の研究』に出会い、女性史を勉強したいと思いましたが、その後は女性史とは無縁に生きてきました。当時、女性史はほとんど学問とはみなされていませんでした。就職し、やがて結婚し、三人の子どもを産み、子育てや地域での保育所づくり、ＰＴＡ、生協などなどの活動に忙しい日々でした。四〇歳という中年になって、改めて女性史を研究したいと思いました。それは四〇年生きてきたなかで、さまざまな女性差別を体験してきたことに起因し、つねに心のどこかに「何故なの」があったからだと思います。

どこかに女性史を研究している会はないだろうかと探して、東京歴史科学研究会の婦人運動史部会に参加させてもらいました。錆《さ》びた頭に鞭打《むちう》って一生懸命学びました。折からちょうど国際婦人（女性）年、女性差別撤廃の政策を、国レベルのみか自治体レベルでも策定することになり、自治体での女性史編纂事業、また社会教育では女性問題に関する講座が盛んに行われるようになりました。

一九七七（昭和五二）年、初めて公民館の婦人（女性あるいは成人）学級の講師となりました。六〇年代以降の高度経済成長のなかで、「男は外で働き、女は家庭を守る」という性別役割分業意識が人々に浸透し、女性たちは「私の生き方はこれでいいのか」「主婦って何だろう」と悩んでいました。講義するだけでなく語り合い考え合うなかで、学級生のみか私自身も学びました。自治体の女性史編纂事業にも、私が住んでいる世田谷区、そのほか新宿区、江東区、川崎市、遠くは北九州市ほかいくつかかかわり、地域女性史とは何かを考えさせられました。

今年二〇二一（令和三）年は、男女平等を謳った憲法公布七五年であり、女性参政権行使七五年でもあります。私は戦後の新制中学で、文部省選定の『あたらしい憲法のはなし』を学びました。そして「男女同権」という言葉も知りましたが、日々の暮らしが一変したわけではありませんでした。

あれから七五年、現在はどうでしょうか。今年、世界経済フォーラムが発表したジェンダーギャップ指数では、日本は一五六カ国中一二〇位とされています。世界の約半分は女性です。女性の働きなくして世界は成り立ってこなかったでしょう。歴史のなかに女性の姿をきちんと残しましょう。それも表舞台で活躍したごく少数の女性だけでなく、普通のあたりまえの女性たち、えいえいと働き、日々の暮らしを支え、いのちをつないできた女性たちの姿を。歴史のなかにも「ジェンダー平等」を意識して書き残しましょう。

折井美耶子

二〇二一年九月

地域女性史への道——祖母たち・母たちの物語を紡ぐ◉目次

装丁　市川美野里
本文イラスト　川嵜俊子

序

地域女性史研究のすすめ

ヤクシマツバキ

今年（二〇二一・令和三年）に出版された『ジェンダー分析で学ぶ　女性史入門』（総合女性史学会編　岩波書店）に、若い研究者である柳原恵さんが「地域女性史における聞き書きの可能性――「地方」とジェンダーの視点から」を書いている。また、本書の第二章に収録されている「地域・女性・歴史＝語り――来るべき地域女性史に向けて」は、国際基督教大学ジェンダー研究センターが主催して開いた地域女性史に関するシンポジウムでの私の発言である。そのシンポジウムを主催した羽生有希さんは、江東区の女性史研究会の責任者も務めている男性である。最近、各地の地域女性史研究会が会員の高齢化を理由に解散や休会などをすることが多いなかで、若い研究者や男性の研究者が地域女性史に関心をもって取り組んでくれていることは非常に喜ばしい。

日本の女性史に関する最初の研究書は、高群逸枝《たかむれいつえ》の『母系制の研究』（一九三八・昭和一三年）といえるであろう。今日ではその内容について批判的な見解も出されているが、その偉業を忘れることはできない。高群ははじめ詩人として世に出たが、のち女性史研究を志し、東京・世田谷に「森の家」と呼ばれた女性史研究所を建て研究に専念した。現在「森の家」跡は、世田谷区立の公園になっており、平塚らいてうの呼びかけで、高群の詩を刻んだ碑が建っている。

戦争が終わり、新憲法が施行されて「男女同権」という言葉が巷《ちまた》にあふれていたころ、「新制大学」に入学した女学生や、女性たちのサークル、あるいは労働組合などでよく読まれていたのは、井上清の『日本女性史』だった。

「地域女性史」という言葉が広く定着したのは、一九八〇年代に入ったころである。しかし各地で女性史を志す人たちによる研究会は、五〇〜六〇年代ころから活動していた。『歴史評論』一九七八年三月号の「特集　女性史」に「女性史サークル・研究会の紹介」欄があり、一九七〇年発足とされる「広島女性史研究会」や七一年とされる「大阪女性史研究会」など二三団体が紹介されている。また翌七九年四月に発刊された『女たちの明日』（もろさわようこ編　平凡社『ドキュメント　女の百年』）には、一九五六年発足の「愛媛女性史サークル」、五九年発足の「名古屋女性史研究会」（七二年に愛知女性史研究会に改組）から七八年の「福島県女性のあゆみ研究会」まで一五団体が記録されている（古庄ゆき子作成）。これら先駆的で現在も活動をつづけている地域の女性史研究会には、愛知女性史研究会や新潟女性史クラブなどがある。

一九七五年から始まった国際婦人年（以下、女性年）・国連女性の一〇年といった一連の女性差別撤廃をめざす国連が主導した動向は、日本にも大きな影響を与え、国はもとより地方自治体も女性政策を策定せざるを得ない状況が作り出された。その女性政策の一環であり、目に見える事業として、地域女性史の編纂が盛り込まれることになった自治体がかなりあった。

自治体が編纂する「自治体史（地域史）」は、十分な時間と予算を費やし専門家に委嘱して編まれ、原始古代から近現代まで、資料編も含めて数巻あるいは一〇巻以上にもおよぶ大部な出版となっているのが通例である。そこには女性たちの姿は希薄だった。しかし自治体が取り組む女性政策の一つとしての地域女性史の場合はもっと手軽だった。専門家は一～二名を委嘱、市民委員は公募で一〇～一五名くらい、編纂期間は三年か長くて五年、近現代が中心となっている（近世を含むところも多少あるが）。その先駆となったのが、神奈川県の『夜明けの航跡かながわ近代の女たち』であった。

こうしてかなりの自治体が、一九八〇年代から九〇年代にかけていわゆる「地域女性史」の編纂を行った。しかし一九九九（平成一一）年に男女共同参画社会基本法が制定され、さあ、これから女性差別撤廃の施策が積極的に実行されるかと思いきや、「もう女性問題は終わった」というかいわゆる「バックラッシュ」といわれた波が覆い、女性センターは男女共同参画センターに変更され、自治体による地域女性史編纂事業は影を潜めた。

しかし女性たちによる、歴史の表に現れない地域の女性たち——祖母たち・母たちのあゆみを知りたい、記録したいという思いは強く、各地に女性史研究会が結成されていった。それは自治体による女性史編纂が終了したのち自主的に結成されたり、あるいは社会教育での女性問題講座の終了後だったりした。こうした女性たちのエネルギーは、一九七七年伊藤康子さんが呼びかけて始まった「全国女性史研究交流のつどい」にも表れていた。この「つどい」は、よく知られているように全国組織があって定期的に開催されるものではなく、各地が自主的に手を挙げて一から実行委員会を結成し全国に呼びかけて開催するもので、第一回の名古屋から第一二回の岩手まで行われている。ここには全国から、時には数百人にもおよぶ女性たちが集まった。第三回の神奈川県・江の島で行われた「つどい」に参加したアメリカの研究者は驚いて、同じ分科会だった私に「日本にはこんなにたくさんの女性史研究者がいるの？」と尋ねたことがあった。この話は人にも何度か話したことがあるが……。

「女性史のつどい」の記録は、NPO法人ウィメンズ　アクション　ネットワーク（WAN）のミニコミ図書館に、第一回から第一二回までの「報告集」が収録されるようになった。各回の「報告集」や「資料集」（出されていない回もある）などは、参加者のみに配られ市販されてはいないので、この貴重な資料が活用されることは少なかったのではないだろうか。改めて一二回分の「報告集」を読むと、これはある意味で地域女性史研究の宝庫ともいえるのではないかと思った。今後、ぜひこれからの研究に活用・利用していただきたいと思っている。

二〇一〇年に山辺恵巳子さんと一緒に発刊した『地域女性史文献目録　増補改訂版』「補遺」では、地域女性史研究会と思われる団体を、一二一グループ収録している。その後調査を行ってはいないので現在の詳細はわからないが、各地から聞く悩みとして「会員の高齢化」がもっとも多い。すでに解散した、あるいは休会中との声もあちらこちらで聞かれ、実数として現在は半数以下ではないかと思われる。

こうしたなかで二〇一四年、各地域で学び研究をつづけている人々の研究交流の場として「地域女性史研究会」は発足した。会のスローガンは、発足集会での永原和子さんによる記念講演「地域に根ざし、地域を超える」から、「ここに生き　ここを超える」とした。現在、会では年二回ほどの研究会を行ってきた。一回は総会を兼ねて東京で、もう一回は各地で。しかし二〇二〇年度は、新型コロナの蔓延《まんえん》のため、総会は書面総会となり研究会は開催できなかった。二一年度の総会も書面で行い、例会に依頼した講師には、やむを得ず文章での報告を「会報」に掲載することとなった。「会報」は年三～四回ほど発行し、『会誌』は隔年刊となっている。「地域」については旧著『地域女性史入門』でも考察したが、生活・暮らしの場に根ざす視点を主体としながら、そこに止まらず広く日本に、また世界に広がる視点をもつ女性史を考察することが必要ではないだろうか。それが会のスローガンの意味するところと思っている。

前述したように各地の女性史研究会では会員の高齢化が進み、解散した会も多い。しかし一方、少数ではあるが前述したように、若い人や男性研究者の参加も見ることができる。

また今年（二〇二一年）一月のことであるが、WANが主催して、ズームによるシンポジウム「地域に生きた女性たちの『フェミニズム』――『全国女性史研究交流のつどい』報告集全12回を読む」が行われた。第1部「つどい」の項では、「つどい」を主催した三人の女性たちの報告、第2部〝地域女性史〟の再発見では、ブラジルから参加した女性や、男性も含めた若い研究者三人の報告、そして第3部はディスカッションであった。前述の『ジェンダー分析で学ぶ　女性史入門』には、男性や若い研究者が執筆している。地域女性史研究にも、ニューウエーブの到来を期待している。

女性史、とくに地域女性史の研究には、文字資料が少ないために、聞き書きまたはオーラル・ヒストリーを欠かすことはできない。従来、日本の歴史研究では、聞き書きは軽視されるか、資料として認められないことが多かった。しかし現在、オーラル・ヒストリーは世界的にも歴史研究に重用されている。もちろんオーラル・ヒストリーは他の学問分野やジャーナリスト、セラピストなどにも用いられている。二〇一五年度のノーベル文学賞を受賞したスベトラーナ・アレクシエーヴィチの『チェルノブイリの祈り』は、オーラルを用いた文学でもあり歴史でもある。

さらに地域女性史にとって重要な問題は、資料保存の問題である。従来、地域の歴史資（史）料館では、女性や暮らしにかかわるこまごまとした史資料は収蔵しないことが多かった。各地で行われた「地域女性史編纂事業」が終了したのち、膨大な聞き書きのテープや書き起こし、家計簿や日記などの資料は廃棄されることが多い。また個人で地域女性史に取り組んだ人々の収集した貴重な資料も、高齢化あるいは死去ののち廃棄されることが多い。女性史関係者の要望に沿って国立女性教育会館内にアーカイブセンターが開設されたが、全国的に活躍した人あるいは団体などの資料に限るといわれている。地元の資料館などに収蔵されることが望ましい、地域によっては収蔵しているところもあると聞いている。

歴史の半分は女性がつくってきたのではないか。いのちをつないできた女性のはたらきは、それ以上かもしれない。祖母たち・母たち・娘たちのあゆみ――地域女性史の研究をぜひすすめてほしいと願っている。

第一章

地域女性史研究について

サツマイモの花

1　地域女性史の編纂にかかわって

私はいま（一九九五年）新宿区と世田谷区の地域女性史編纂にかかわっている。どちらも編纂を開始したのが一九九三（平成五）年四月で、四年計画なので同時進行で、完成予定は一九九七年三月である。しかし、内容も編纂委員会のしかたもかなり異なっている。

私が初めて地域女性史にかかわったのは、川崎の女性史である。これはすでに『多摩の流れにときを紡ぐ――近代かわさきの女たち』として一九九〇年に出版されているが、この場合は特別な事情があって、二年という不本意な期間で大急ぎで完成させられたのであった。私は川崎とは多摩川をはさんだ隣接地域に住んでいるが、川崎の住民ではなく、川崎市（直接的には財団法人川崎市中小企業・婦人会館）の委嘱を受ける形で参加したのだった。この間地域女性史の研究に関する資料収集と分析、聞き取りの方法など有益な経験もしたが、同時に行政との関係でもいろいろな経験をした。

東京大学出版会から一九八三（昭和五八）年に出された『日本女性史研究文献目録』（以下、

『文献目録』）には、近現代の部に地域女性史が収録されており、ここには一九六〇年から八二年の間に出版された地域女性史四八編（大部分は単行本だが、雑誌論文もある）が載っている。次いで一九八八年の『文献目録 Ⅱ』では、地域女性史は通史の部に入り、一九八二年から八七年の間の四五編が収録されており、一九九四年の『文献目録 Ⅲ』＊には、一九八七年から九一年までの七七編が収められている。地域的には、北海道から沖縄まで全国にわたっており、この目録を見たかぎりでは地域女性史の急激な広がりが感じられる。

これらの地域女性史は、内容も方法も書き手も出版形式も実にさまざまである。地域の女性史研究会は、一九五六年発足の愛媛女性史サークルを初めとして、五九年の名古屋女性史研究会などが先駆的に始まっていた。しかし全体の流れを見ると、早い時期の仕事としては、個人の書き手が多く、しかも男性の書き手がかなり目立っている。次いで八〇年代初めになると、地域の女性たちが研究グループをつくり、丹念に聞き書きを集めたものや、手分けして地方紙を調べた年表的なものなどが多くなる。一九八〇年代の半ばころから、自治体が後援して出版するケースが増えてくるが、その先鞭《せんべん》をつけたのが、神奈川の『夜明けの航跡――かながわ近代の女たち』（一九八七年）であった。

一九八九年には『葦笛のうた　足立・女の歴史』の発刊を記念して、東京の足立区婦人総合センターで、地域女性史交流研究集会が開かれた。この『葦笛のうた』は、主婦や会社員、自営業者などといった区民女性からなる足立女性史研究会のメンバーが、三年余をかけて書き上げたものであり、この集会には全国から三〇〇人を超す人々が集まり、二日にわたって熱気あふれる討論が繰り広げられた。

地域女性史が活発化していく背景の一つには、国際女性年以来、社会教育の講座の女性問題を中心にした女性学級の増加がある。女性問題に目覚め始めた女性たちが、女性史を学び自分の住む地域の祖母たち、母たちの歴史を綴りたいと動き始める。一方地方自治体では、やはり国際女性年以来の女性政策として女性行動計画づくりがあり、そのなかに地域女性史編纂が盛り込まれることが多い。

一九九二年に沖縄で開かれた「第五回全国女性史研究交流のつどい」の全体会では、自治体と地域女性史の関係をめぐって討論が行われた。助成金などいっさいもらわず独自の研究姿勢を貫くべきと断言する人、研究は手弁当でも出版となるとやはり行政の助成があると助かるという人などさまざまだった。助成があるなしにかかわらず、自分たちの研究姿勢が貫かれなければならないことは言うまでもない。しかし、足立区でも内容の一部をめぐって行政と若干のトラブルがあったと漏れ聞いているし、川崎では先に述べたように編纂期間について実に不本意であった。予算を執行するという形になる行政の仕事は、何はともあれ期間内の完成が優先される。しかも従来の自治体史などは時間も予算もかなりたっぷりかけて編纂されるようだが、地域女性史は聞き書きなどをちょっと行えば、一、二年もしないでできると錯覚している行政の関係者もないではない。

女性史そのものがまだ発展途上学問であり、当然地域女性史の研究方法も未確立である。にもかかわらず、女性政策にそっての各自治体の女性史編纂は次々と行われている。『とやまの女性史――自立へのあゆみ　上・下』（富山県　一九八九年）、『共生への航路――かながわの女たち'45～'90』神奈川県　一九九二年）、『さいたま女性の歩み　上・下』（埼玉県　一九九三年）、『光をかざす女たち――福岡県女性のあゆみ』（福岡県　一九九三年）、『椎の木の下で――区民が綴った中野の女性史』（東京都中野区　一九九四年）など。なお、『えがりて』九二号（総理府婦人問題担当室）によると、編纂を行っている府県段階の自治体は、青森、山形、福島、茨城、福井、京都、奈良、沖縄となっている。

こういう状況のなかで開かれた昨年（一九九四年）の「第六回全国女性史研究交流のつどい」（山形市）では、地域女性史についてその研究方法や行政との関係なども深く掘り下げた研究交流がなされるべきであった。しかし残念ながら直接、女性史研究に関する分科会は一つのみで、そこに二百余人が集中し、地域女性史のみならず女性史研究一般についての討論も深まらずに終わってしまった。

いま私が住んでいる東京でも、二三区だけでなく多摩地域の市などでも女性史を編もうという動きが始まっている。女性政策の一つとしてただ女性史を編纂したという形を残すことではなく、自分たちの住む地域を見つめ直し、自らが歴史の担い手としての主体になるような新しい生き方を創造する、そんな地域女性史の研究がどうしたらできるかが、いまの課題だと思っている。

山形のつどいに参加した板橋の女性史サークルの呼びかけで、今年（一九九五年）二月二四日、「女性史研究東京連絡会」が結成された。東京には女性史の研究会、学習会などが数多くあるようだが、横の連絡がまったくなかった。九グループのささやかなスタートだったが、女性史研究、とくに地域女性史研究を深めるための交流の場に発展することを期待している。

（一九九五・五）

＊『文献目録 Ⅳ』は二〇〇三年三月に刊行されている。

ムクゲ

2　フェミニズムの大きな流れと地域女性史
――「第七回全国女性史研究交流のつどい」

「第七回全国女性史研究交流のつどい」「新ミレニアムへの伝言」が、一九九八（平成一〇）年九月五、六日、神奈川県江の島の県立かながわ女性センターで開かれた。この女性史のつどいは、全国組織があって定期的に開かれるのではなく、各地域で自発的に名乗りをあげて開催される集会である。一九七七（昭和五二）年第一回のつどいが名古屋で開かれて以来、旭川、江の島（関東地域）、愛媛、沖縄、山形とおおむね三、四年に一回の割合でつづいてきている。

今回は神奈川県内の女性史関係者が中心となって四四人からなる実行委員会を組織し、一年以上の準備を重ね、全国からのカンパやバザーなどもして資金を集め開催にこぎつけた。参加者は沖縄から北海道まで全国から約六〇〇人、二日間にわたって熱気あふれる議論が繰り広げられた。

第一日目は、開会式のあと朝から夕方まで分科会に分かれて討議が行われた。一「メディア

―戦後のメディアにみる女性の地位」、二「国際交流―国際化と女性たちの市民活動」、三「政治参画―女性参政の道のり　輝くあしたへ」、四「教育―占領期教育改革と男女平等の理念」、五「労働―女の働き方をめぐって」、六「家族―『嫁』という位置を問う」、七「戦争と平和―被害を語り継ぎ、加害を考える」、八「性―『慰安婦』・基地売春・買売春」、九「地域女性史―地域女性史を考える」の九分科会だった。

いずれの分科会も担当者が準備を重ねるなかで報告者とともに用意した資料は、一冊の分厚い『資料集』となって全参加者に配布された。各分科会とも女性史ではあるが、まさに今日的課題でもある女性の問題をめぐって熱い議論が展開され、少ないスペースで要約するのはかなり難しく、報告集も出版されるのでそれをぜひご覧いただきたい（『新ミレニアムへの伝言』一九九九年）。

もっとも参加者が多かったのは地域女性史の分科会で、一三〇人を超す大分科会となった。この分科会では、すでに地域女性史をまとめたことのある各地のグループから聞き取りや資料収集の方法、編集のしかたといった具体的な問題とともに、行政とのかかわりなどについて報告が行われた。

次いで全国の地域女性史研究グループに対して行ったアンケートに基づく報告と、参加者からのミニ報告があったのち討論に入った。たくさんの質問や意見もあったが、討論は「聞き書きについて」と「行政との関係」の二つの柱で行われた。「聞き書き」は文字資料の少ない女性史では必須となっているが、方法が確立されているとは言い難く、対象者の選び方、きれいごとではなく本音で語ってもらうには信頼関係が必要であること、何を明らかにするのか聞き手側の主体的な姿勢が問われること、聞き書きは単なる昔語りではなく話者の人生を歴史のなかにきちんと位置づけることであり、話者も記録者もともに歴史の担い手であることの実感を共有することではないか、という点にまで話がおよんだ。

「行政との関係」については、近年自治体の女性政策の一環として地域女性史の編纂が行われることが多くなっているが、プラス面も多いが、一方問題も浮かび上がっていることが指摘された。編纂が行われたあと、集めた多くの貴重な資料が散逸する恐れが大きく、資料の整理・保存・公開についてこの分科会でアピールを提案し、翌日の全体会で関係各機関に送付することが採択された。

二日目の午前は全体会で、各分科会の報告のあと討論に入り、日本の女性史が「一国女性史」に止まらず他国や他民族にも視野を広げていくことの必要性、女性史を高校や大学の教育にもっと取り入れることなどが提言された。午後は「女性史を問う」と題したシンポジウムが行われた。ジェンダー理論の最先端をいく社会学の上野千鶴子さん（東京大学教授）、日本思想史の安丸良夫さん（一橋大学名誉教授）、実行委員会からコーディネーター二名（加納実紀代・折井美耶子）が参加。コーディネーターが女性史研究のあゆみを概観したあと、上野さんは女の視点から歴史の書きかえを迫る「新たなロジックを構築する責任と能力が」必要であるとしてジェンダー史を提起、安丸さんは女性史の立場から書かれた家族論に言及しながら新しい「近代家族論」を提起。今世紀にスタートした女性史がフェミニズムの大きな流れのなかで、新ミレニアム（千年紀）に向けて新しい段階の女性史―ジェンダー史へとステップアップすることを感じさせて、この「つどい」は終了した。

このつどいに参集した人のほとんどは専門的研究者ではなく、各地の社会教育講座などで学んだあと、自らの問題意識に支えられてコツコツと学習や研究を重ねている人々である。この女性たちの熱い「こころざし」がつどいを成功させ、やがては新しい女性史研究を生みだしていくエネルギーになることを期待している。

（一九九九・二）

3　歴史をつくる女性たちの生の姿を
――地域女性史の掘り起こしをすすめて

いま各地で、地域女性史の掘り起こし・編纂が女性たちの手によって進められています。女性史研究者の折井美耶子さんは、東京の各区の女性史編纂にかかわりつづけているひとり。女性史掘り起こしの楽しさ、そこから学ぶもの、などを聞きました。

――折井さんが編集にかかわられた『江東に生きた女性たち　水彩のまちの近代』『新宿女たちの十字路　区民が綴る地域女性史』（ともにドメス出版）などを見ますと、やはり地域の特色がふんだんに感じられて興味ぶかいですね。

折井　ええ、一口に東京といいましても、区によってずいぶん性格が違うんですよ。新宿区は、全国からたくさんの人たちが集まってきて、文化的な活動、婦人運動の先駆けが豊富にあります。江東区には、商人や職人が多く、いきできっぷがいい深川があり、また城東地域は農・漁村でした。城東には水運の便のよさから、近代になって大きな紡績工場などができていきます。近代の日本の産業の中心は繊維産業ですが、なかでも紡績工場は、数千人の女工さんが働く大規模工場となります。その意味で、江東は日本の近代の女性史の一つの典型のような地域なんですね。

足が縮む思いの深夜勤

——近代日本の発展の底辺を支えた女工たちの生活とたたかいはどうだったのでしょう。

折井　当時の紡績工場は、おもに昼夜二交代制。だいたい朝六時から夕方六時まで、また夕方六時から朝六時まで。実働が一二時間ですが、交代の時間が三〇分ずつぐらい重なって、一三時間ぐらい。いちばん辛いのは、夜勤労働ですね。

新潟出身の三人の女工さんたちにお話をきくことができたのですが、朝四時ごろには眠気が頂点となり、足が縮んでくるようだといっておられました。私たちのイメージする女工はおとなの女性ですが、実は一〇代の幼年工です。小学校卒業して一二歳ぐらい、まだ育ちざかりの年ごろで工場にいく。それで深夜勤をするのはものすごくきついんですね。

石原修の『女工と結核』という報告では、成長期にある女工は連続七日間の夜業で体重が減り、七日間の昼業で体重はもどるが、一〇〇パーセントもどらない。それを繰り返すと、ついには病気になるだろうといっています。結核がまんえんし、使いものにならなくなった女工は故郷に帰される。それで今度は家族に感染し、農村に一気に広がっていくという悲惨な状況でした。

解雇に必死で抵抗

――やがて女工たちは大争議に立ち上がりますね。

折井　一九三〇（昭和五）年の大不況のもと、全国的に労働争議が燃え上がります。なかでも江東の東洋モスリン争議は激しいものでした。会社側の工場閉鎖と四九〇人の解雇の宣告に対して、二四八二人（うち八割が女子）がストに入りました。

首切られて農村に帰っても、食べていけないのが目に見えていますから、みんな必死で頑張ったわけです。女工さんたちは、ストライキという言葉も知らない人たちですが、太鼓を打ち鳴らしてデモをしたり、住民をもまきこんで約二カ月にわたってたたかいます。

一九二九年に帯刀貞代《たてわきさだよ》さんの「労働女塾」が工場の近くに開設されるのですが、ここで労働運動のやさしい理論や、裁縫・料理なども教えて女工たちに喜ばれました。争議の際は側面から支援しました。女工さんたちの成長をみるとき、この「塾」の存在は大きいですね。

――日本髪を結った女工さんが「夜業禁止」の請願署名を街頭で集めている写真が印象的です。

折井　当時の女工さんは、いわゆる職業婦人とは厳然と区別され、一段低く見られていました。だから、外出するときは女工と見られないように、精いっぱいおしゃれしたんでしょう。そういう女工たちが、過酷な労働条件や解雇に抵抗したんです。

頭のなかで〝スパーク〟

折井　では、どうして彼女たちは目覚めていったのか。ひとつの典型が、高井としをさん（『女工哀史』を書いた細井和喜蔵の妻）でしょう。岐阜の山村出身で紡績女工になり、工場を転々としていたとき、「人間は個性があり、人権がある。労働者も団結して闘わなければならない」と書かれたビラを受け取るんです。それに感動して、上京し、江東の東京モスリンに入社するんですね。
このビラを見たとき、彼女は〝スパーク〟したんですね。自分のいままでの虐げられてきた体験と、〝人間は同じだ〟というビラの言葉が重ね合わさって、ハッと、頭のなかでひらめいた。工場ストのとき、彼女は寄宿舎の食事の改善を求める演説をするなど、労働運動にみずから参加していきます。

心のひだまで

折井　女性史掘り起こしの面白いところは、一人の女性がこうして目覚め、生き生き頑張った生の姿に触れることができることですね。いまは、戦前の方にお話を聞く機会は少なくなってきましたが、肉声で聞くと、そういう心のひだまでうかがうことができて、ぐっと身近に感じます。

当時のストは結果的には弾圧されてバラバラにされ、参加者一人ひとりがその後どう生きていったかを追うのは難しいのですが、こういう女性たちの先駆的な闘いがあって、それがいまにつながる底流となっていることを学ぶことができます。

江戸、近代の遊廓

——遊廓や娼妓《しょうぎ》たちにも光をあてていますね。

折井　やっぱり女性史でこれをおとすわけにはいかないと思いました。

江戸時代の遊廓は東京では吉原だけなんですが、東海道、日光街道、中山道、甲州街道の各街道の最初の宿場、品川、千住、板橋、新宿の四宿に飯盛旅籠《めしもりはたご》がありました。これらは江戸時代は遊廓ではなかったんですが、近代の遊廓、貸座敷《かしざしき》制度ができて、吉原も四宿の飯盛宿も同じ貸座敷となり、そこで働く女性を娼妓と呼んだんですね。それ以外に江戸時代に岡場所といわれるところがたくさんあって、その流れの根津遊廓が移転して江東の洲崎《すざき》遊廓となります。

新宿は飯盛旅籠から始まります。江戸に入る四谷大木戸の近くにあったのが、近代になって皇族や貴賓たちが行く新宿御苑（内藤家下屋敷あと）の目の前にあるというのは不都合だということで、新宿二丁目のほうに強制移転させられる経過をたどります。

紙一重の運命

折井　遊廓の女性たちは特別な人たちかと思われるかもしれませんが、女工になるか、娼妓になるかは、紙一重だったんです。貧しい小作人たちは、働いても働いても小作料が払えない。借金がかさめば、娘を工場に売るか、遊廓に売るかなんです。年貢のために娘を売る（前借金で年季奉公に出す）というのは、当時はあたりまえのこととされていました。

父親と娘を前に駐在と村長がニコニコして説得している写真がありますよ。「洲崎へいったら、三度三度米の飯食える。真っ黒になって大根飯食ってなくていいんだぞ。日髪、日化粧（毎日髪結って化粧して）、きれいなべべ着て、お客さんと酒飲んで遊べばいいんだ。それで父ちゃんの借金は払えるし、親孝行のしどころだよ」。こんな調子だったでしょうね。

警視庁に乗りつけ

折井　当時の廃娼《はいしょう》運動は、限界はもちつつも、女性たちに目覚めをうながしたものとして重要なものだと思います。「いやだけどしかたがない、家は貧乏だし」と思いこんでいる女性に、「あなたたちも人間だから、そういう醜業についていてはいけない」「自由に廃業できる」と呼びかけるわけです。

実際に自由廃業するのは困難でしたけれども、自廃を申し出た娼妓たちはたくさんいます。一九三八（昭和一三）年には新宿の娼妓五人がそろって警視庁の玄関に車で乗りつけ、廃業させてほしいと直談判《じかだんぱん》におよんだという事件もあります。五人は、公休日を与えない、外出させない、楼の主人が虐待することなどに怒り、期せずして団結し「断然極悪主人に抗戦しましょう」といってタクシーで急行したと報じられています。

限界や未熟さももちながら、そのとき、そのときで一生懸命に真実を求め、行動に踏みだしてきた女性たちの姿を随所に見ることができますね。

お玉杓子ですくいとるように

――ことしは二〇〇〇（平成一二）年ですが、この一〇〇年を振り返って、祖母たち、母たちの生き抜いてきた年月でも、これだけ女性たちは前進してきたわけですね。

折井　苦しい歴史を通り抜けるなかで、女性は自分も人間なんだと目覚めてきました。それこそ無数に、スパークする女性たちの火花が散ったと思いますよ。エピソードをあげればきりがないぐらい。私たちはそれを一つひとつ、お玉ですくいとるようにして集めてきました。聞き書きもたんねんにしましたね。女性にお話聞かせてくださいというと、「私なんかべつに何も特別なこともしなかったし、人に聞かせるようなことは何もないわ」というんです。「それでいいんです、それを思いつくままに話してくだされはいいんですよ」といって、実際に聞くと、生活に密着した実にいいお話がいっぱい出てくるんです。

歴史の担い手として

折井　私は、この聞き書きでは、話者の方にも歴史の担い手だったということを確認していただけるようにと思っています。〝自分はあたりまえの人生を送ったと思ったが、そうではない、やっぱり歴史に自分はちゃんとかかわって生きてきた〟という実感を、その人の生きてきた意味のようなものを、話者にも確認していただくことがとても大事だと考えているんですね。

女性は暮らしのなかから思想を紡ぎだすといいますか、そこが強みじゃないでしょうか。女性たちは、いまもそうですが、自分たちの日々の暮らしに直結したところで要求を出していきますよね。私はその典型は平塚らいてうだと思っているのですが、自分の恋愛・結婚、出産・子育てとか、自分が生きていくなかから、それを単なる事実として受けとめるだけではなくて、それを思想として紡ぎだしていく。

ですから、女性たちがどう暮らしてきたか、そこに歴史の検証の目をもっともっと向けたいと考えています。そしてこういう地域女性史掘り起こしが各地で積み重ねられれば、これまでの女性史も、日本の歴史も変えていくことができると思うんですね。

掘り起こし作業の主役となってくださった女性たちは、専門家ではない普通の人たちです。

皆さん、手弁当で取材にでかけるわけです。たいへん苦労されるんですが、自分につながる女性たちの歴史を目の当たりにして、自分も歴史をつくる人間なのだという思いを育てることにつながっていきます。

私たち一人ひとり、自分の時代を生きている。時代に影響されながら、時代に影響を与えながら生きているわけです。私たちが半歩でも前進できれば、また次の世代はそこからさらに歩を進めることができる。そうして歴史はつくられると思うと、わくわくしてきますね。

（二〇〇〇・二）

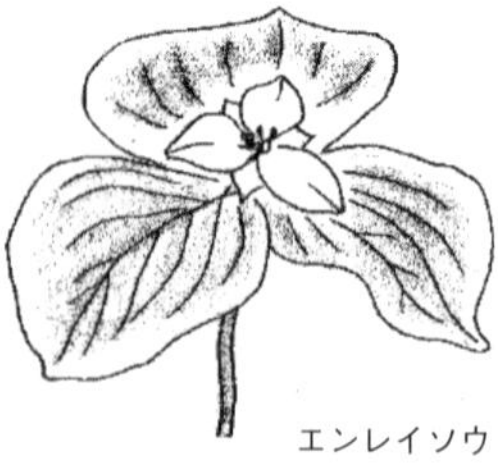

エンレイソウ

4　地域女性史へのアプローチ
――『地域女性史文献目録』を作成して

1　『地域女性史文献目録』の作成について

地域女性史文献目録作成委員会では、目録作成にあたって二〇〇二（平成一四）年一〇月二四日、国および各都道府県の女性政策担当部署（男女共同参画室、女性センターなど）、そして全国の地域女性史研究会に、以下のような項目の調査を依頼した。

① 貴地域（都道府県）における女性史研究会の所在
（名称の如何にかかわらず女性史を学習・研究しているグループすべての団体名、代表者、住所、電話）

② 貴地域に関する女性史関係の出版物、研究論文など
（出版物、著者、書名、出版社、出版年。研究論文、著者、論文名、所収書名、出版社、

出版年）
（③④は省略）
国・四七都道府県中、大分県を除く国・四六都道府県から回答を得た。研究会は休会中のところなどもあり、五九サークル中、四一サークルからの回答を得た。
女性政策担当部署の回答の内容については非常にばらつきがあり、ていねいに何枚にもわたって文献を書いているところもあったが、項目すべてに「なし」とか「把握していません」とか書かれた回答もあった。しかし「把握していません」なら、これを機会に「把握」するように努力するのが担当者の仕事ではないのだろうか、と疑問に思わざるを得なかった。

2　地域女性史の現状

収録した文献目録を見る限りでは、地域によって偏《かたよ》りはかなりあるが、地域女性史は一定量の蓄積をもつようになってきている。一九九八（平成一〇）年の「全国女性史研究交流のつどい」の際に作成した『資料集』の「文献目録」では、約五〇〇編の文献を収録していたが、二〇〇一年の『地域女性史入門』には約六五〇編を収録した。今回は「方法論・研究史」、「全国女性史研究交流のつどい関係」、「地域女性史研究会機関誌」は別項として整理し、収録した。収録数は増加したが、内容的に見るとこれまで見落としていて収録したものが多い。地域女性史研究会の機関誌は、愛媛の女性史サークル『むぎ』の一九五九（昭和三四）年から、二〇〇三年前半発行のものまで三〇研究会で、四四五点発行されている。「つどい関係」を除く「方法論・研究史」は五一編、「地域別文献」の総数は一二七六編で、これを年代順に見ると、四〇年代までは二〇編、五〇年代一六編、六〇年代五六編、七〇年代一五五編、八〇年代四七五編、九〇年代四五一編、二〇〇〇年以後九六編、不明七編で、八〇、九〇年代が圧倒的に多く二〇〇〇年以後は比較的少ない。

地域女性史研究はすでに一九五〇年代から始まっているが（四〇年代以前も多少収録している）、六〇年代までは男性を含む個人の書き手が多く、地方新聞などに連載されたのち単行本になるという形が特徴的である。地域の女性史研究会は一九五六年に発足した愛媛の女性史サークルが最初といわれているが、七〇年代に入って増え始め、聞き書き、年表作成などが行われ、こうした集団による研究の成果も出始めている。八〇年代に入ると、国際女性年の影響によって自治体が女性政策を策定するようになり、その政策の一環としての女性史編纂が行われるようになった。その画期的な成果としては神奈川県の『夜明けの航跡――かながわ近代の女たち』（ドメス出版、一九八七年）があげられる。その後次々と県レベルで、東京では区単位で、まだ多くはないが市町での地域女性史が編纂された。

こうした行政企画の地域女性史については、賛否両論あるいは長所短所があることはつとに指摘されている。公のプロジェクトとして編纂が行われることによって、聞き書きや資料収集がスムーズにできるし、何より財政的な一定の裏づけがあることで出版が可能となる。最近は出版不況で、あまり出版部数の多くない地域女性史を出してくれる出版社は少ないので、出版に予算がつくのは利点である。一方、予算の関係で定められた期間に成果をあげなくてはならず、十分な調査研究ができない場合もある。また内容に一定の制限がつく場合もある。時間的な制限についてはある程度の妥協もしかたがないが、内容の制限については考えなくてはならない問題である。

かつて、「権利としての社会教育」を実現する社会教育運動の高まりのなかで出された「枚《ひら》方《かた》テーゼ」（一九六三年）に、「社会教育の主体は市民である」「社会教育行政の課題は、環境醸成、条件整備」であるという項目がある。私は地域女性史の編纂は、従来ないがしろにされてきた女性たちがその復権のために行う市民女性の社会教育運動の一種でもあると考えている。したがって行政の課題は地域女性史編纂のための「条件整備」であり、内容については市民が主体となるべきであると考えている。

行政と地域女性史の関係については、「全国女性史研究交流のつどい」でも、いつも問題にされてきた。沖縄で行われた「つどい」では、北海道の高橋三枝子さんが「女性史にはお金をもらわないで、発言の場を確保していただきたい」（『第五回全国女性史研究交流のつどい報告集』一九九四年）とシンポジウムで述べている。それはそれで潔いし、そういう研究もまた必要かと思うが、しかし従来の正史とされてきた自治体史に女性の影が見えないのであるなら、地域女性史に行政が積極的に予算をつけるべきではないかと考える。

一九八〇年代から九〇年代にかけては地域女性史、とくに自治体が企画する女性史が盛行したが、二一世紀に入るころから減少傾向になってきていることは、前に述べたように『文献目録』からも見て取ることができる。すでに地域女性史は十分書かれてもう必要なくなってきたというのだろうか。そんなはずはない。私たちがみる限りでは、まだまだ女性は歴史のなかにきちんと位置づけられているとはいえない。それは地域史のなかでもまったく同じである。「つけた史」程度に女性の項目を設けているところはあるが、企画の段階から女性が参画し議論したうえで構想を練っている自治体史がどれだけあるだろうか。そうしてこそ本当の「男女共同参画」なのだと思うが。

また地域で研究された女性史の成果が、その後地域史、自治体史にきちんと反映されているだろうか。私の体験した範囲でも、地域女性史が出版されたのち、その成果が反映されているとはいえない自治体史が企画されているところがある。行政は何のために地域女性史の編纂を行ったのであろうか。女性政策の見栄えのする成果の一つとして編纂されたのだろうか。結果として住民にかっこうの読み物を提供して終わりでよいのだろうか。私たちはもっと行政の姿勢に関心を強め、発言していかなくてはならないと思う。

現在、行政企画で進行している地域女性史は、東京の武蔵野市、府中市、さらに鎌倉市、栃木市、北九州市、千葉県八千代市などであるが、これは私たちが把握しているものであって、まだほかにもあると思われる。東京の小金井市は住民主体で進行している。しかしこれで見るとすべて市レベルで、都府県レベルのものは見当たらない。市レベルくらいだと「私たちの市でも地域女性史を」という住民女性たちの声が女性政策に反映しやすく、都府県レベルではそんな声も届かず、女性政策のなかの「女性史編纂」という項目は消え去ってしまったのかもしれない。

行政側は口を開けば緊縮財政というが、予算の優先順位に疑問を抱くこともしばしばである。たとえば東京都には東京百年を記念した『東京百年史』(全七巻 一九七九~八〇年)という大部の書物がある。これは「都政史ではなく、都民史とする」と謳われており、かなり良心的な編集となっているが、やはり女性の影は薄いといわざるを得ない。ちなみに編集委員一一人中女性はゼロ、編集会議委員(実質的な執筆者)二七人中女性は一人(近世史の林玲子さん)である。『東京百年史』からすでに二〇年以上も過ぎているので「東京女性史」あるいは東京各地の地域女性史の成果を組み込んだ新しい「東京史」が編纂されてもいいのではと思うが。残念ながら東京都は「文明がもたらしたもっとも悪しき有害なものはババァ」という発言をした知事を戴いているのであるから、女性問題については関心すらもっていないのかもしれない。

　今年は「江戸開府四〇〇年」ということで各地で盛大に催しが行われ、都下の各区、各市などでは都からの通達もあって多額の予算をつけて賑やかにお祭りをやっているようである。一方、都の女性政策の一つの目玉として開設された東京ウィメンズプラザは、都の外郭団体である女性財団として女性たちのニーズにこたえて研究・活動への助成、資料収集、出版、講演などをしてきたが、財団は廃止で都の直営となり施設そのものも廃止されるのでは、との危惧《きぐ》もいまや抱かざるを得ないのが実情である。

　また神奈川県では、「全国女性史研究交流のつどい」を二回も開いた全国有数の女性施設である江の島のかながわ女性センターが、移転・縮小する方向で検討されている。この計画が実行に移されれば、全国の女性センターへの影響は甚大ではないかと思われる。すでに、各地の女性センターは「男女共同参画センター」などと名称を変えて機能をあいまいにし、女性差別撤廃への姿勢はぐっと後退しているように思える。私たちはこういったいわゆる「バックラッシュ」といわれる方向にはっきりとノーを示していかなければならないと思う。もっと行政に監視の目を光らせなければ、国際女性年以来のせっかくの女性政策も、絵に描いた餅になってしまうのではないだろうか。

もちろん本来、地域女性史は行政に頼ることなく、各地の女性たちが自前の手弁当でコツコツと研究をつづけてきたし、現在もつづけている。女性史はもともと在野の学問として出発したし、まして地域女性史はなおさらという感がある。正史とされる自治体史に異議申し立てをするのには、行政の枠を越えて行わなければならない。

第八回の「つどい」が岐阜で行われたとき、そのメインタイトルが「自治体女性史を語る」となっていて、全体会の討論のなかで、「なぜ自治体女性史なのか」と異論が出された。地域女性史にはその一部に自治体が企画する女性史も入るが、地域女性史＝自治体女性史でないことはいうまでもない。このとき初めて「自治体女性史」という言葉が使われたのではないだろうか。行政が企画しようがしまいが、私たちにいま求められていることは、「女性の痛覚」を胸にしっかりと刻み、地道で目立たぬ下積みの実証作業をも行い、よりレベルの高い地域女性史をめざすことである。

3　地域女性史の課題

歴史は、自分たちはどこから来てどこへ行くのか、への問いから発する古くから存在する学問である。まだ人類が文字を発明しない時代には、その歴史は親から子へと口承によって伝えられた。階級が生まれ国家が成立し、文字が使用されるようになると、権力者（王）はその権力の正当性を「正史」という形で著し、被征服者、被支配者は歴史から排除された。女性たちも被抑圧者として、長い間歴史から正当な扱いを受けてこなかった。近代になって女性解放運動とともに、闇に閉ざされてきた女性の歴史に目が向けられるようになったが、その主たる担い手は女性たちであり、その女性たちはまた長い間学問から疎外されていた存在であり、女性史そのものも歴史学から冷遇されてきた。しかし、国際的に見ても、いまや女性史は無視することのできない存在になりつつある。

ではは女性史がめざすものは何か。一九七〇年代の解放史か生活史かという女性史論争を経て、両者を含みこむものとの認識を女性史は共有することになった。その後ジェンダーという概念が導入されて、女性史の視点はより明確になった。女性史ではなくジェンダー史をという提案もあるが、私はジェンダー概念を活用しつつ、未だ女性史は有効であると考えている。歴史のなかに女性が正当な位置を占めるようになるまで、女性史の必要性は失われないだろう。

それでは、地域女性史とは何をめざすものだろうか。『地域女性史入門』のなかで、私は地域を生活の場と位置づけた。人々が生きる場としての地域として考えるならば、そこには単なる衣食住を超えた人間の生活がまるごととらえられなければならないし、その生活が真に人間らしい生活であったか、あるかが問われなければならないだろう。そこには抑圧されてきた女性たちの解放をめざす姿勢が必須である。生活史であり解放史でもある女性史が地域で描かれるとき、より身近に生活に密着した視線でとらえることができる。

かつて「母の歴史」を綴る運動が一九五〇年代にあり、そのとき井手文子さんは「母の歴史は、あらゆる矛盾の結節点にいるような民衆女性の姿、それを描くことが大事だ」と書いているが、それは現在の地域女性史にも通ずるものがあると思われる。祖母たち、母たちのあゆみを掘り起こすことは、単なる個人の幸・不幸を超えて、その時代の政治的なあるいは経済的な矛盾の結節点としての地域での生活が、鮮明に見えてくる作業となる。女性たちの足跡としてつまみあげるのではなく、ジェンダーの視点で分析し、歴史のなかに位置づけることが重要である。こうした調査・研究は、一人ひとりの歴史認識を深め、今日を生きる自分を変え、やがてはその地域を変革する主体として鍛えていくことになる。愛媛で行われた第四回の「つどい」で掲げられた「ここに生き、住み、働き、学び、たたかい、ここを変える女性史をめざして」というスローガンは、現在も光を放っているし、それでこそ「自治体女性史」を超えた地域女性史を創造することができるだろう。

次に地域女性史が積み残してきたと思われる課題を、いくつか具体的に述べてみたい。

ひとつは「従軍慰安婦」の問題とかかわって、戦時下の国内の慰安所と戦後占領期の「RAA」(特殊慰安施設協会)および占領軍向けの売買春の問題である。沖縄で行われた第五回の「つどい」のとき、沖縄での詳細な慰安所マップが五三市町村、一二一カ所におよぶと報告された。吉見義明・林博史編『共同研究　日本軍慰安婦』（大月書店　一九九五年）には国内慰安所も記述されているが、全国的な詳細のものとはいえない。「RAA」および占領軍向けの「パンパン」「オンリー」などと呼ばれた女性たちの問題についてはドキュメンタリー的な記録、あるいは平井和子さんの「米軍基地と『買売春』――御殿場の場合」や奈良女性史研究会の「RRセンター」についての調査・研究などもあるが、全国的にはあまり手をつけられているとはいえない状況である。

売買春の問題、ことに「従軍慰安婦」などについては、自治体はこれを明らかにすることに拒否反応を示すことが多い。たとえば東京の江東区で『江東に生きた女性たち　水彩のまちの近代』（ドメス出版、一九九九年）が出版されたのち、再版を区とくに区長が拒絶していることは岐阜の「つどい」で報告されているが、その根拠には「洲崎遊廓」とそれに関連した「従軍慰安婦」の問題があるのではと推測されている。売買春の問題は、戦前の遊廓そして戦時下の「従軍慰安所」、戦後の占領軍向けの売買春と、これは一連の問題であり、女性蔑視―女性を単なる性的対象物としてみる―の顕れ以外の何物でもない。ちなみに遊廓を文化として取り上げる姿勢は行政から歓迎される傾向にある。売買春を女性の人権問題として地域女性史で取り上げないで、誰がほかにやるだろうか、これこそ地域女性史の使命であろう。

次は、地域と都市との関係である。近代日本は中央集権国家として、政治、経済、文化あらゆるものが東京あるいは大都市に集中した。若者たちは青雲の志を抱いて、またはやむを得ず郷里を後に都会に出た。女性たちも例外ではない。働き口を求めて「女工」や「女中」になる、学校に進学する、都会に出た若者と結婚する、など理由はさまざまであるが、都会へ都会へと人口は流出した。そのまま都会に居ついた人々も多いが、郷里にもどった人もあるであろう。そうした人々が、郷里から都会にもちこんだもの、都会から郷里にもちかえったもの、その相互の影響はどうであったか。そうした研究はほとんどされていない。第九回新潟での「つどい」では、そんな思いをこめて、東京・江東区の東洋モスリンの「女工さん」とその出身地である新潟と、双方から報告を行うことを提案した。

また戦時下には大規模に都会から地方に人々が移動する疎開という現象があった。疎開は人々に何をもたらしたであろうか。学童疎開は、村と村の子ども、疎開してきた子どもたち双方にどんな影響を与えたか。こうした地域と都市との人々の移動は、文化の移動でもあり交流でもある。従来の地域女性史（地域史も含めて）は、その地域のことに限定されて、こうしたダイナミックな視点に欠けていたのではないだろうか。

さらに一つあげるならば、自由民権運動について全国的な緻密な追跡調査が必要であると思っている。自由民権運動にかかわった女性については、岸田俊子、福田英子ら著名な女性たちの研究はかなり進捗《しんちょく》した。しかし、当時の新聞にちょっと名前が載ったくらいの団体や女性たちについては、まだ明らかになっていない場合が多い。新潟の柏崎の政談演説会で男女同権の演説をした「西巻開耶《にしまきさくや》」については、従来ほとんど知られていなかった。その名前の読み方すら正確にはわかっていなかった。しかし、新潟県立歴史博物館の田中和徳さんが丹念に追跡調査をし、その生涯について明らかにされた。私はその論文で名前は「さくや」と読むことを知った。

中央に出て活躍した人だけでなく、地域に根づいて活動し、地域に影響を与えた女性たちの調査がぜひ必要である。全国的にはまだまだ調べられていないことが多いし、この時代の女性たちの解放への熱意と行動を調査することは、日本の近現代女性史を考えるうえで一つのキイポイントになるのではないかと思っている。いつか、女性たちの自由民権運動についての全国的なシンポジウムが開かれたら、というのは私の夢でもある。

自由民権運動のみならず、全国的な運動が地域におよぼした影響とその事跡について、調査できることはまだまだあるはずである。たとえば、新婦人協会については私の属する女性の歴史研究会で各地支部の活動について掘り起こしをしたが、今中保子さんの広島支部、伊藤康子さんの名古屋支部など、やはり現地にいての調査は強みとなることを痛感した。

次に考えてみたい問題についていくつか述べてみたい。

一つは、オーラル・ヒストリーと聞き書きである。イギリスのオーラル・ヒストリー協会のパンフレットには「オーラル・ヒストリーは、あらゆる種類の人びとの生き生きとした記憶と感情を記録する――ほうっておけば歴史から埋もれてしまうような記憶を」と書いてある。これまでの歴史では、資料としての価値は物的証拠、公文書、私文書の順であり、証言はきわめて価値の低いというか当てにならない資料とされてきた。しかし、女性史では公私に限らず文字で書いた資料が少ないことから、当然聞き取り、聞き書きを多用してきた。しかし証言は、記憶に頼るためあいまいであり、間違いが多い、資料としての価値が低いとして、それを多用する女性史、地域女性史そのものを蔑視する視線が歴史学界のなかに存在していた。しかし、「従軍慰安婦」問題は当事者が声をあげて証言したことで、それは歴史の闇から引き出されて目に見える問題となった。

文字資料は客観的で正しく、証言は主観的で不正確とするのは、ある意味での偏見ではないだろうか。正真正銘の客観性を備えた記述があるだろうか、主観が入りこむ余地のないように見える統計数字でも、設問のしかたによって数字が変わってくるのは、私たちの経験でも知られている。記述でも数字でも証言でも、その裏に隠された真実を見極める鋭い目をもつことが必要であることはいうまでもないはずである。オーラル・ヒストリーは、社会史、民俗学、人類学など他分野でも用いられている。歴史学でのオーラル・ヒストリー・聞き書きと他分野のそれとはどこが同じでどこが異なるのか、私たちは、他分野の方法からも学び、私たち独自の方法論を鍛えていかなければならないだろう。

次は資料の保存と公開の問題である。第七回の「つどい」で「女性史資料の保存・公開についてのアピール」を採択した。しかし、その後の進展は思わしくない。都道府県の首長あてに送ったアピールは、ほとんど担当部署にまわされることなく書類の山に埋もれてしまったのではないかと思われる。アピールで問題にしたのは、出版物ではなく原史料や聞き書きテープとその起こし原稿などであったが、それらはもちろん、地域の女性史関係の出版物さえ揃えていない女性センターもあるやに見受けられた。

また今回の調査で、各地の地域女性史研究会の会誌など自費出版的出版物で、国会図書館にも収納されていないものが多数あったことが判明した。国立国会図書館法によって出版物は、国会図書館に収めることが定められているが、こういった事情に疎《うと》いのかもしれない。今後は、自分たちの自費出版でも、必ず国会図書館、県・市立図書館、国立女性教育会館（ヌエック）、地域の女性センターなどに寄贈する習慣をつけておきたい。それらが、今後どこで、どんな機会に有効に活用されるかも知れないのだから。また、原史料や聞き書きテープなどの資料については、それぞれが機会あるごとに女性センターあるいは県立図書館、歴史博物館などに、収納・保存・公開を働きかけていかなくてはならないと思った。

最後に問題にしたいのは、著作権のことである。著作権については、私自身知識が不十分であった。それが江東区での再版問題で、編集委員会は編著者でありながら著作権者でないため、再版について権利を主張することができないという残念な結果を招いてしまった。出版物の奥付に©と小さく印刷されているのが、著作権者である。また、聞き書きの場合、話し手に発表の了解を得るが、聞き取りを文字化し読んでわかる文章、「聞き書き言葉」にするのは、聞き手（執筆者）である。この場合の著作権の問題なども、聞き書きについては明確にしておくべきである。今後私たちは、もっと権利に敏感にならなければならない。

以上、地域女性史が抱えている課題について現在感じていることを簡単に述べてきた。二一世紀に入った現在、地域女性史は新たな飛躍が求められている。新しく獲得したジェンダーの視点、これは、女性史は女だけの問題と片づけてきた従来の歴史に転換を迫る有効な切り札である。

それから、日本の女性史は一国女性史ではないかという第七回の「つどい」での批判。日本の近代はアジアへの侵略に明け暮れた時代であり、被抑圧者、戦争の被害者としてのみ描く女性群像を乗り越えて、加害も含めたアジア、ひいてはその他の国との関係性をきっちりと書き込んでいかなければならない。

そして階級の問題。女性は女性として性差別を受けた存在ではあるが、社会全体のなかでの階級の問題をないがしろにすることはできない。このジェンダー・エスニシティ（民族）・クラス（階級）を三位一体のキイワードとして、歴史に再解釈を迫る新しい地域女性史を構築していくことが、私たちの現在の課題ではないだろうか。

（二〇〇五・六）

セツブンソウ

コラム

〈コラム〉女が歴史を綴る意味

いま、東京K区で「母の歴史を綴る」という講座をやっています。ここに集まって来る人々は二〇代から八〇代までの幅広い層の女性たち。みんなとても真剣で意欲的です。参加の動機は、「去年母が亡くなって、ぜひ書き残しておきたいと思って……」、「友だちに手紙好きの人がいて、私もあんなに気楽に文章が書けるようになりたくて……」、「おもいはあるけれど、文章の書き方がわからない……」など、各人各様でした。

学校を出てから何十年、ふだんはモノを書くことなどめったにない普通の女性たちが、こうして書き始めるこの熱意の底にあるものはいったい何でしょうか。

私はこの講座の初めに「庶民が歴史を綴る意味」について、少し話をしました。

歴史は英雄豪傑によってつくられるのではなく、普通の人々が営々と働きつづけ、さまざまな困難を切り開き、生き抜いてきた日々の積み重ねによってつくられていくものではないでしょうか。そうした庶民たちの歩みのなかでもとくに女性たちの生活はほとんど語られないできました。子を産み育てる女たちによってこそ、いのちは連綿とつづいてきたのだと思います。

女たちはそうした生命の担い手としての共通項と同時に、やはり一〇〇人の女には一〇〇通りの生き方があります。「私が書かなくては、誰もうちのお母ちゃんの歴史は書く人がいないんだから……」。だからこそ書き残しておくことは大切なのです。

そして、一人ひとりが生きてきた道のりのうしろには、大きな時代の力と動きがあります。明治維新以来の日本の近現代は、激動の一二〇年でした。日露戦争でお祖父さんが戦死したこととか、家の商売が上手くいかなくなったのは昭和恐慌のときだったとか、戦災で焼け出されて境遇が激変したとか、年表を書きこみながら、みんな改めて母たちの時代を深く心に刻みました。

今回とくに強く感じたことは、戦前の家族制度のもとで、家の存続のための養子養女の多さと、それにからむ人間関係の複雑さでした。

九〇歳を超して田舎で一人住いをしているお母さんのことを書きたくて参加したAさんは、田舎へ聞き取りにでかけました。「私の人生なんて何も書くことなんかないよ」といっていたお母さんが、自分の人生を初めて詳しく話してくれました。東京に帰ってきたAさんは、今度は娘たちに「どう、書けた?」と毎日励まされて、ようやく長編を書き上げました。

　そして「母の生きてきた道の延長線上に私の人生があり、その先に娘たちの未来があるということが、実感としてよくわかりました」と感想を述べました。

　いま、各地で自分史や母の歴史、地域の女性史などを書こうとしている人々が増えています。そうした営為のなかで、一人ひとりの生命の重みや生きていくことの意味、そして自分たちこそが歴史をつくる主体であることを、確かな手応《てごた》えで感じとりつつあるのではないかと私は思っています。

（一九八九）

第二章

地域女性史の現状と課題

キキョウ

1　地域女性史研究の現状と課題

この小稿では、地域女性史研究の最近の動向とその特徴、そして現在の地域女性史が抱えているいくつかの課題について述べてみたい。

地域女性史の現状

女性史に限らず、一定の地域の歴史を研究対象とする場合の呼び方について、おおまかには郷土史→地方史→地域史と変化してきている。もちろん現在でもこれらの呼び方は併存しているが。郷土史の場合は民俗・地誌・民話といった郷土性が重視される傾向があり、地方史の場合一九五〇（昭和二五）年に地方史研究協議会が設立され、機関誌『地方史研究』が出されており、ここでは郷土史・自治体史・民俗学的研究など幅広い内容を含んでいると思われる。しかし一九九一（平成三）年に出版された『地方史研究』の『総目録』（一九八九年まで収録）

には、地域女性史に該当するようなものはほとんど見当たらない。

一九八二年、中村政則氏は信濃史学会で「地方史と全体史」として行った講演のなかで、「地域史の提唱」を呼びかけた。そのなかで郷土史→地方史→地域史の変化は単なる呼び方の変化ではなく「対象の変化、あるいは方法の転換を含んでいた」とし、「地域というのは、空間的・地理的な概念であると同時に、歴史的・文化的な概念(1)」であると規定している。

こうした歴史学全体の変化にも影響されながら、女性史も地方女性史から地域女性史へと変わっていったのではないかと思われる。一九八六年愛媛で開かれた「第四回女性史のつどい」では「ここに生き、住み、働き、学び、たたかい、ここを変える女性史をめざして」という言葉が掲げられた。愛媛では早くから近代史文庫を中心に地域社会に根ざした歴史研究が行われ、そのなかで女性史サークルも育っていた。「ここ」という言葉に盛られた地域社会は、現在の行政区域とは関係なく、自分たちの生活の場としての地域であると解釈されよう。

地域女性史が具体的にどのようなあゆみをたどったかについて、簡略に述べてみたい。東京大学出版会の『日本女性史研究文献目録』は現在『Ⅲ』まで出されているが、これによると『目録 Ⅰ』(一九八三年)では地域女性史は近現代の部に収録されており、ここに一九六〇年から八二年までの四八編が載っている。次いで『目録 Ⅱ』(一九八八年)では地域女性史は通史の部に入り、八二年から八七年までの四五編が、『目録 Ⅲ』(一九九四年)には八七年から九一年までの七七編が収められている。大部分は単行本だが、なかには雑誌論文もあり、地域的には北海道から沖縄まで全国にわたっている。この目録でも八〇年代以降の地域女性史の急激な広がりが見てとれる。

その後については、赤塚朋子氏が「戦後女性史研究の動向」[2]のなかで一九九二年から九五年までについて六四編をあげている。昨年（一九九八年）の女性史の「つどい」の分科会担当メンバーが、山辺恵巳子氏を中心として地域女性史の文献目録を地域別に作成したが、その総数は四九七編にのぼった[3]。これをざっと見ても、五〇年代は三編、六〇年代が二〇編、八〇年代末から九〇年代にかけて出版が激増していることがはっきりと見えてくる。九六年から九八年（三月ごろまで）は三八編、現在進行形のものは、私の知るかぎりでも一〇編以上はある。この激増の背景には、地域女性たちの自覚や要望の高まりがあることはもちろんだが、国際女性年以降の自治体の女性政策が存在していることを見逃すことはできない。

これらの地域女性史は、方法も内容もそして書き手も実にさまざまである。早い時期には個人それも男性が多かったのが特徴である。たとえば更科源蔵『北海道の女』（北書房、一九六三年）、宮城栄昌『沖縄女性史』（沖縄タイムス社、一九六七年）、辻村輝雄『戦後信州女性史』（長野県連合婦人会、一九六七年）、女性では、もろさわようこ『信濃のおんな』（未來社、一九六九年）などで、これらは『沖縄タイムス』や『信濃毎日新聞』など新聞に掲載されたのち単行本としてまとめられたものが多い。

女性たちが地域で女性史研究のサークルを作り、その成果が出てくるのはその後である。名古屋女性史研究会『母の時代――愛知の女性史』（風媒社、一九六九年）は、その早い例である。『歴史評論』一九八三年三月号の新刊紹介で私が新潟市女性史クラブ『竈のうた』、高橋三枝子『続　北海道の女たち』、家族史研究会『近代熊本の女たち』、愛媛女性史サークル『愛媛の歴史をつくった女性たち』、市原正恵『静岡おんな百年』の五冊を紹介したとき「自分たちの生き方とかかわらせての真剣な姿勢と、丹念な掘り起こしによって、いままで闇に閉ざされていた部分に光があてられ、女性史に深みと幅を加えている」と書いた。その後も広島女性史研究会『新聞集成　広島女性史』、札幌女性史研究会『北の女性史』、岡山女性史研究会『近代岡山の女たち』などが出た。いずれも研究会のメンバーが手分けして地域紙を丹念に見るという個人ではなかなかできない作業や、集団の討論で内容を高めていく研究活動の成果として出されるようになってきていたが、まだ年表、聞き書き、人物史的な内容のものが多かった。

地域女性史の一つの画期となったのは、神奈川の『夜明けの航跡――かながわ近代の女たち』（一九八七年）である。神奈川県の女性政策の一環として女性史の編纂が掲げられ、専門研究者と地域住民と行政（この場合は女性センター）が一体となって編纂されたものである。以後、東京・足立の『葦笛のうた』、神奈川・川崎の『多摩の流れにときを紡ぐ――近代かわさきの女たち』と、こうしたケースの地域女性史出版がつづくようになった。行政との連携には、いくつかの利点もあったが、喜んでばかりはいられない問題もあった。

プラス面については、①一定の経済的な裏づけが得られること。自主サークルの場合、資料集めからすべて手弁当になるが、最大の難関はその成果をまとめての出版である。昨今、出版事情の悪化もあり、なかなか引き受けてくれる出版社はなく、もし出版にこぎつけても買い取りまたは自費出版的多額の負担がかかってくることもある。行政企画の場合、この点が保障されるのが大きな利点である。②資料収集や聞き書きなどの場合、相手の信用を得られやすいこと。個人では見せてもらえない資料も、自治体の事業ということで閲覧または拝借させてもらえたり、聞き書きも個人だとどこの誰がどんな目的でと不審がられて、納得してもらうのに時間がかかったりするが、行政企画ならと協力的になるケースも少なくない。③住民参加による編集が多いこと。自治体史の場合はほとんど専門家の手によるもので、住民とは無縁に編集されることが多いが、女性史は公募の住民と専門家が協力してというケースが多く、地域住民が祖母たち、母たちの歴史を掘り起こすなかで、歴史認識を深めていく生涯学習としての歴史教育の側面がある。

一方、マイナスというか問題として考えられる点は、①行政の場合、事業計画を立て何年度の予算をつけてという形になるため、当然ながら年度内出版が義務づけられて、納得のいくまで十分な調査研究ができないきらいがある。私の経験では、自治体史の編纂と比べて期間が格段に短い（もちろん予算の点でも非常に少ない）。②もっとも大きな問題は、内容や表現に制限がつく場合があることである。従来の自治体史ではほとんど触れることのなかった売買春関係――遊廓の存在など――は、女性史のうえでは重要なテーマである。しかしこれを大きく取り上げることに難色を示す自治体もある。表現でも納得のいかない訂正を迫られることもある。「女工」「女中」などを歴史的用語として使用することは歴史叙述として必要であり、「女工」を「女性労働者」と言い換えてしまったら、その歴史的な内容を適切に表現することはできない。「貧窮」はだめだが「困窮」はいいというのも、不思議である。また編纂委員会で議論の末、地域の特徴を表すようにと考えた書名を、首長の意向で変えるようにと迫られたこともある。

沖縄の「つどい」のシンポジウムで、北海道の高橋三枝子氏は「女性史には金をもらわないことで発言の場を確保していただきたい[4]」と主張して、参加者に一種のショックを与えた。しかし、昨年（一九九八年）の「第七回江の島のつどい」では、石川県の梶井幸代氏は「正史を覆していくのが女性史」だから、「女性史をやるのは一種の反逆行為であると心得るべき」と発言した。従来の枠のなかでなら、女性史を編纂する意味はない。「正史」として編まれた自治体史を、まさに「覆し」ていくような新しい女性史の視点（ジェンダー）を与えていけば、当然摩擦も起こってくる。官とは距離をおいて自由に女性史を書きつづけるのも一つの見識ではあろうが、官と協力するなかで女性史としての主張を貫くのも、「ここを変える」一つの方向であろう。そういう主体を確立していくことこそが、地域で女性史を編む重要な意義でもあると思う。

全国各地の女性史研究会の状況については、『歴史評論』でも過去何回か紹介を行ってきている。自主サークルの場合、数年で会員それぞれの事情が変わり休会または解散になることもあるが、一〇年、二〇年それ以上長期に活動を継続している会もある。昨年の「つどい」に参加団体として登録された会のうち、地域女性史に重点をおいている会は四五グループであった。会に所属していても団体として名乗っていない場合もあるし、参加していないグループもあると思われるので、少なくとも全国に五〇以上の地域女性史を研究するグループがあると考えられる。東京では、山形で開かれた第六回の「つどい」のあと、東京地域で女性史研究会の横のつながりがほしいという声が出て、「女性史研究東京連絡会」が結成された。現在一二、一三のグループが参加している。

昨年の「つどい」で伊藤康子氏が「地域女性史集団の現状」として報告したところによれば、(5)各地の研究会の会員数の平均は一四人、中心世代は五〇代、小規模で中高年の女性が会の平均的な姿のようである。活動内容は討論、情報交換、学習会、資料収集、年表作り、聞き書き、出版準備中などさまざまだが、学びながら活動の成果をまとめようとしているというのが現状のようである。会の元気さは「ほそぼそ」から「発展的活動中」までいろいろだが、「会員相互の交流の密度の濃さ」や「学びつづける向上心」「地域女性の記録者であろうとする努力」「地域にかかわりつづける活動力」などを元気のもととしてあげている。

誰から頼まれたわけでもない、まさに自分自身の生き方の問題として「ここに生き……ここを変える」気概、こころざしが地域女性史を支える原点である。

地域女性史の課題

地域女性史を考える場合、地域をどうとらえるかが重要である。「現状」のところで述べてきたように、最近の地域女性史は自治体の女性政策の一環として編まれることが多く、その場合当然のように「地域」はその「自治体の行政区域」を指すことになる。『広辞苑』でみると「地域」は「区画された土地」とあり、それにつづく「地域社会」には「一定の社会的特徴をもった地域的範囲の上に成立している生活共同体」とある。「一定の社会的特徴をもった地域的範囲」で営まれる「生活共同体」、つまり人々が生きて働き暮らしている生活の場としての地域、それが「ここに生き……」の「ここ」であるとすれば、それは現在の行政単位と必ずしも重なるわけではない。いまの自治体は近代以降何度かの町村合併を繰り返して一定の政治的力学のうえに成立したもので、人々の暮らしと一致していない場合も多い。

私がかかわっている東京・江東区（『江東に生きた女性たち――水彩のまちの近代』）は、深川区と城東区が合併して一九四七（昭和二二）年に成立した区である。深川と城東はその地域的特徴がかなり異なるというだけでなく、かつて下町文化の中心として本所深川と一言で呼ばれたり、南葛《なんかつ》労働者といわれた人々の住居や工場は亀戸《かめいど》吾嬬《あずま》と地つづきで、本所も吾嬬も現在は墨田区であるが生活のうえでは密接なつながりがあり、地図のように簡単に線引きすることはできない。

以上のように地域を考えたうえで、その地域の特徴をどうとらえるか、そのなかで女性はどうであったのかをきっちりと描き出すことが必要である。かつて米田佐代子氏は「地域に特有のテーマ」の「典型、個別を徹底的に描く」ことによって地域を超えた「普遍化」が可能となり、「あえていえば地域女性史は世界を描く」(6)と発言している。現在の地域女性史の実態は、未だそこまで到達したとはとてもいえないと思われる。

コツコツと聞き書きを集め、年表を作り、それを出版していた段階は終わり、自治体企画も含めて地域の住民や研究者が一体となって研究を深め、通史という形での地域女性史が次々と出ている段階にいまはきている。しかし自治体企画の場合、問題意識が希薄なままで、「隣がやるからうちもやる」式の横並びの計画だけが先行し、出版だけが成果として誇られる傾向がないわけでもない。しかもいったん出してしまえばもう一件落着である。しかし地域女性史に対する本格的な追究は、そこから始まるのではないか。

現在の地域女性史の課題の一つは、さらに内容を深めることによって、「正史」としての自治体史の「つけた史」ではなく、これに「書きなお史」を迫ることである。現在でもまだ県史、市町村史などに女性の影は薄い。私の経験でも、いったん計画のでき上がった自治体史の項目に、住民の女性たちから強い要望が出て女性の項目を「つけた史」たことがある。

地域女性史の充実は、日本の女性史を豊かにすることでもある。これも昨年の「つどい」のことであるが、「日本の女性史は一国史から脱却して、在日韓国・朝鮮人やアジアにも目を向けるべき」という批判的提言があった。そういう姿勢が皆無とはいえないまでも、希薄であったことは認めざるをえない。地域女性史のなかでも、草の根的交流も含めてもっと書きこまれていくべきであろう。私のかかわっているある市では、在日の方が編集に参加しており、共同作業のなかでお互いに見えてくることの多さに改めて気づかされている。

最後に女性史資料の保存について触れたい。前述したように、地域女性史はすでに五〇〇編近く刊行されている。その際苦労して収集した資料は、現在どうなっているだろう。公文書館などでは女性史関係の資料に対して理解が薄く、収集に関しても熱意があまりないのが実情である。自治体企画で女性史を編纂しても、その担当部署は女性政策関係で、刊行すればそれで終わり、その後の資料の整理・保存・公開についてはまったく関心をもたない。この点についてかねてから危惧していた私は、昨年の「つどい」の地域女性史分科会に「女性史資料の保存・公開についてのアピール」を提案し、「つどい」の全体会で関係各機関に送付することが採択された。しかしこれは正式に声を上げただけで、まだ第一歩である。どのように行動を起こしていくかが、今後の課題である。

地域女性史には、まだまだ掘り起こすべき豊かな鉱脈がたくさんある。そして『地域女性史文献目録』を見ても地域的にかなり偏りがある。かりに行政企画が横ならび式だとしても、それを一つの追い風として、地域住民女性たちが主体的に女性たちの生活や運動の歴史を分析し叙述することは、やがて自らが歴史を創る主体として成長することでもある。

現ミレニアムもまもなく終わろうとしている。このミレニアムの初期つまりいまから一〇〇〇年前、『源氏物語』をはじめとして数々の物語が女性たちの手で書かれた。しかしそれは主として貴族女性による貴族女性の物語であった。新ミレニアムを迎えようとしているいまは、普通の女性たちが普通の女性たちの歴史を綴る時代である。

地域女性史研究を積み重ねることが、新しい女性史研究を、ひいては新しい歴史研究を生み出す一つの原点ともなることを、いまは期待している。

（一九九九・四）

注

（1）中村政則『日本近代と民衆』（校倉書房、一九八四年）

（2）赤塚朋子「戦後女性史研究の動向」（山下悦子編『女と男の時空　現代』藤原書店、一九九六年）

（3）第七回全国女性史研究交流のつどい実行委員会編『資料集』（一九九八年）

（4）全国女性史研究交流のつどい実行委員会編『第五回全国女性史研究交流のつどい報告集』（一九九四年）

（5）前掲『資料集』は一九九七年一一月調査、六八の女性史学習・研究集団に調査用紙を郵送、返信のあったうち、地域に重点をおいている三三集団の調査結果。なお、伊藤康子「地域女性史の展開」（『岩波講座日本通史　別巻二』一九九四年）にも「地域女性史集団一覧」があり、九六集団が収録されているが、会の内容は地域女性研究に限らずかなりさまざまであると推測される。

（6）前掲『第五回報告集』

2　地域女性史への心意気
――「女性史研究東京連絡会の発足」

東京連絡会の発足

東京連絡会は、第一回の例会が一九九五（平成七）年一二月に開かれましたが、その前年の九四年に山形で「全国女性史研究交流のつどい」が開かれて、東京からもたくさんの人が参加しました。そのとき「横のつながりがないわね」という話から準備会をしまして、暮れに第一回の例会を行いました。このときには「地域女性史とは」と題して、私が話をさせていただきました。九五年というのは、自治体の女性政策による女性史編纂が各地域で活発に行われていたさなかで、地域女性史の長所も短所もそこにあるのではと話したたと思います。

一九七五（昭和五〇）年の国際女性年以来、自治体が女性政策を策定し、その一環として編纂された地域女性史は、東京では足立区から始まって、今年中央区、最近渋谷区が出しまして二三区中一二区、多摩地域では武蔵野市と清瀬市ですね。

ところが二一世紀に入ったころから停滞というか、バックラッシュというような状況が顕著に出てきています。一九九九年の男女共同参画基本法の制定は、女性に対してプラスの面もありましたが、もろ手を挙げてというわけにはいかない面もあったのではないかと思います。そのなかには「男女平等」という言葉が実は一カ所しか入っていない、いつの間にか男女平等が男女共同参画という言葉になり、これはすり替わっているのではないかと思っています。平等という言葉で、初めて差別をなくしていくことが明らかになるわけです。「共同参画」という言葉は口あたりはいいんですが、どのように共同に参画していくかがあまり明確ではないと思います。役所の管轄も、「女性政策課」や「女性センター」でしたが、「男女共同参画課」「男女共同参画センター」と変わって、女性政策はかなり後退したと私は思っています。

「男女」と強調することで、従来明らかにしつづけてきた女性差別が曖昧《あいまい》にされてしまったのではないでしょうか。と同時に、その地域の女性史の編纂そのものにも自治体は取り組まなくなっていくわけです。

地域女性史編纂の動きと自主グループ活動

二〇〇〇（平成一二）年以後も地域女性史は編纂されておりますが、二〇〇〇年の千代田区、二〇〇二年の杉並区などはその前から企画されていたものが、成果として二〇〇〇年を超えてから出てきたと思います。地域女性史に対する予算が少なくなってきておりますが、現在でも港区など区民の要望がかなり強くて出始めています。いま話しているのは東京地域のことですが、全国的な動きですね。私が知っているなかではいまのところ、二〇〇五年に出た北九州市が最後ではないかと思います。『地域女性史文献目録』以後の出版については不十分な点があるかと思います。三島市が聞き書き集を、小金井市が聞き書きの第二集を出しています。

それでは、女性史に対する市民からの要求がなくなったかというと、決してそんなことはないと思います。今日もこんなに大勢の方が参加されて、うれしいというか力強いといいますか、女性たちの要求は非常に根強いもので、決して弱まってはいないと思います。

ただ、お手元の「グループ紹介」でも、かなり前から活動している自主的なグループは、メンバーがある意味では固定化し、高齢化し、若い層の人たちが女性史編纂に加わる形にはなっていないのが現状ではないかと思います。もちろん高齢化だけではなく、自主グループでやるのには金銭的な負担があるわけですね。話を聞きに行ったり、資料を取りに行ったりするのは自分のお財布から出しても、出版にはまとまった金額が必要なわけですから大変で、二の足を踏んでしまうこともあるでしょう。

また、聞き取りでも、区（自治体）がやる事業です、というと、話者の方も気楽にというか信用して受け入れてくださるんですね。自主的な場合は、どこの誰だかわからない人たち、と胡散《うさん》臭い眼で見られかねないということもありまして、なかなか大変です。あるいは長い時間をかけて資料を集めて、分析して通史を書くというのは、かなり難しい仕事なので、いまのうちでないと聞けないから聞き書きだけでもやっておきましょう、と頑張っています。聞き書きは歴史への証言でもあるし、素晴らしい資料ですが、そこからなかなか進めないのが現状ではないかと思います。

自治体とのかかわり

そういうなかで地域女性史を残していくにはどうしたらいいのかです。地域女性史に対して市民の側にはこんなに多くの要求があると、自治体に予算をつけさせるべきではないかと思います。自治体史はどこでも出していますし、分厚いものが何冊もというのが一般的で、専門家に依頼し、かなりの予算で長い期間をかけて編纂しています。しかし女性史は三年か四年、自治体史と自治体の女性史とは、ずいぶん扱いが違うのではないかと思います。自治体史に比べれば、女性史にかける費用はそんなに大きな金額ではないし、助成金を要求するのは、市民として正当な要求ではないかと思います。もし独立の女性史が無理なら、自治体史に必ず女性の分野を入れるように要求していくべきではないかと思います。自治体史の編纂委員に委嘱されるのはほとんど男性の専門家ですから、指摘されないと「女性」は視野に入らないことが多いと思いますね。

ぜひ、自分の自治体で自治体史を編纂するということが耳に入ったら、どういう構成で編纂するのか聞いていただいて、「女性」に対する目配りをと要求していただきたいと思います。私のかかわったある自治体で、すでに自治体史の構成ができ上がっていたのに、それを見て市民が「女性が不在だ」と声を挙げて、各章ごとに女性の動きを追加させたことがあります。まさに「つけた史」ですが、女性を含む自治体史への一歩ではないかと思っています。

若い女性や男性も

地域の女性史には、若い人や男性もぜひ入っていってほしいと思います。地域女性史の研究会を作って、何年か同じメンバーで研究をつづけていますとお互いに気心が知れて、女性史に対する理解と姿勢が似たようなところで進んでいきます。そこに新しい人が入ってくると、どうしてもお互いに違和感を覚えることもあるかと思います。しかしなるべく新しい人たちと一緒にやっていくような工夫をして、次世代にバトンタッチしていくことを心がけてほしいと思います。

若い人たちは活字離れしています。テレビドラマでもコミックからのものが多くなっている時代では、歴史を書いた活字ばかりの本をじっくり読むというのはなかなか厳しいと思います。地域女性史に親しんでもらうには、たとえば女性史散歩と銘打って若い人向きの企画を立てるとか、若いお母さんたちの集まりに、昔こんなことがあったのよ、こんな人がいたのよというような出前講座をするのもいいのではないかと思います。展覧会形式とか、ビジュアルに絵とか写真展や、女性史のミュージカルなどはどうでしょうか。それが無理なら朗読とか、朗読劇とかも。そういう立体的な催しを考えるなかで、若い人たちに親しんでもらい、受け継いでもらうことをぜひ考えていただきたいと思っています。

女性史への心意気

東京連絡会第一回例会のときに、専門的な知識と技術、それから方法論を身につけ、それらを磨いていく必要があると話したと思いますが、それはいまでもまったく同じだと思います。すでに何年も地域女性史にかかわっている方はそれなりにプロ、あるいはセミプロになっているという自覚で、さらに努力を積み重ねていただきたいと思います。聞き書きはいちばん手っ取り早く入りやすいのですが、奥が深くて、もうこれでいいということはないですね。何年もその地域で研究している方はご自分のテーマがおありだと思いますので、個別研究に進んでいかれるのもいいと思います。二〇〇六年五月出版の『北の命を抱きしめて』は、北海道という地域で荻野吟子からスタートした女医さんたちの歴史の研究です。

埋もれてしまった歴史と記憶を他の誰が取り戻してくれるのか、地域に住んでいる私たち自身がやらなければ、陰になっている女性たちのあゆみに光があたることはほとんどないのではと思います。ぜひ、誰かに頼まれてやるのではなく、心意気というか、気概というか、これをやったらどんな見返りがあるかといえば、本という形になるとか、まわりの人が良く頑張ったわねってほめてくれる、それが関の山ではないかと思いますね。でも後世の人たちは、二〇世紀の終わりから二一世紀の初めにかけて「歴史のなかで正当に評価されていなかった女の人たちをきちんと位置づけるために、女性史という場で頑張っていたのね」と言ってくれるかもしれません。それをするのはここにいるみなさんです。過去も現在も未来も含めての私たち自身が生きている証《あかし》というような形での女性史を、研究を、つづけてほしいと思います。

女性史の枠を乗り越えて

地域女性史はどうしても近現代が中心で、部分的には近世が入ったりしていますが、前近代はほとんど入っていません。古代中世は資料が限定されて難しいかと思いますが、近世は掘り起こせばまだまだ資料があります。とくに戦災などで焼けなかった地域では、旧家のお蔵などにいままでの近世史では使われなかった資料が眠っているのではないかと思いますから、そういった資料を用いて近世の地域女性史を描く。近世の文書を読めなくてはいけませんので大変ですが、近世史の専門家などにお願いして、一定の訓練をすれば読めるようになりますので、ぜひ近世にも眼を向けていただければと思います。

日本という枠ですが、単一民族ではないわけで、北海道のアイヌ民族や在日の方もいらっしゃいますし、最近では東南アジアなどから技術習得や働くために来日する女性たちもいますので、とくに近現代では視野に入れてほしいですね。そういう目配りをしつつ、日本から外国に行くという移民史も含めて視野を広げることが大事でしょう。

最近では女性史という枠を超えて、ジェンダー史という新しい学問分野が確立されつつあります。また男性史という分野の研究もなされ、本も出版されています。確かに女性が女性として差別されるだけでなく、男性が男性であるがゆえの生きにくさもいろいろあるのではないかと思います。

いずれにしても、今日これだけたくさんの人たちが、東京地域、さらに千葉県、栃木県、神奈川県、静岡県からも参加してくださって、熱心に女性史をやっていこうという熱意が私はうれしく思っております。

史資料の問題

シンポジウムのあとで問題提起されると思いますが、一九九八（平成一〇）年に江の島で「第七回全国女性史研究交流のつどい」が行われたときに、資料が散逸してしまうので、ぜひにと「女性史資料の保存・公開についてのアピール」を出しました。二〇〇五年の奈良のときには、国立女性教育会館（ヌエック）のほうで保存・公開をやってくれるかよくわからなかったのですが、今年秋にはアーカイブをつくるというような噂がちらほら聞こえてきたのです。二〇〇六年の秋に、江刺昭子さんと私がヌエックの理事長の神田道子さんのところに話を聞きに行きましたときには、はっきりおっしゃらなかったんです。とくに私たちが要望したのは、音声資料、聞き書きのテープとテープ起こしをしたものをぜひ保管してほしいということでした。神田さんの話は「ヌエックに土地はたくさんありますが、アーカイブを建てるとなるとお金がすごくかかる。いまは独立行政法人になっていてお金がありませんので、文部科学省、財務省に圧力をかけないとなかなかお金をくれそうにもありません」ということでした。

いずれにしてもヌエックで整理・保存してもらうのは最終手段かと思います。地域資料は地域のなかで保存され公開されるのがいちばん正しい方法ではないかと思います。しかしその地域があまりあてにならない。郷土資料館とか公文書館などは、女性の資料はあまりいい顔をしてくれない、女性センターはいつの間にか男女共同参画センターになって、そこがいつの間にか消えてしまうんではないか、という恐れがなきにしもあらずで、資料の保存をお願いしてもどこかに消えてしまうのではないかという心配があります。この点はみなさんのお知恵を借りていい方法を考えていきたいと思っています。

（二〇〇七・五）

3　地域女性史研究会「会報」の創刊に寄せて

今年二〇一四（平成二六）年三月九日、地域女性史研究会が発足しました。設立集会には全国から五四名の方が出席されて、熱気のある会となりました。この日までに入会を希望された方は一〇〇人を超えましたが、当日出席できなかった方からもさまざまなご意見、ご要望をいただいております。「他の地域の人と交流したい」「地域で学んでいる人たちが励まされる会に」「継続的組織を待っていた」「会の発足をうれしく思う」など、会への期待と同時に、「悩みの対策、研究方法、研究のレベルアップ」や「書きなおし（史）への力をつけ、発信していく」「若い世代にどうつなげるか」などの要望も出されています。これらの課題は、今後みなさまと一緒に協力し合い知恵を出し合い、解決への道を探っていきたいと思っておりますので、よろしくお願いいたします。

「総合女性史学会」や「オーラル・ヒストリー総合研究会」そして「全国女性史研究交流のつどい」との関係について質問が出ましたが、前二者とは同じ女性史をめざす友好団体として交流を図っていきたいと思っております。また「つどい」は不定期に開催される会で、次回は岩手が予定しているとのこと（集会で挨拶がありました）で、できるだけの協力をしたいと考えております。

設立集会での永原和子さんの記念講演「地域に根ざし 地域を超える―地域女性史研究会の発足によせて」は、女性史研究の先駆者としての視点と希望が強く伝わるすばらしいお話でした。会の初仕事として発行するこの「会報」の名前は、「地域女性史研究会会報―ここに生きここを超える―」として永原さんの想いを受け継ぐかたちをとらせていただきました。

いま、地域女性史研究をめぐる状況はかなり厳しいと思いますが、自主的自発的集まりやその関心を尊重し、互いに交流しあうなかで、理論や方法を鍛え、より豊かな地域女性史像を生み出し、やがては書きなおし（史）をめざすために励ましあっていきたいと思っております。

（二〇一四・五）

4　「第一二回全国女性史研究交流のつどいin岩手」参加記

二〇一五（平成二七）年一〇月九日から一一日まで三日間にわたって「第一二回全国女性史研究交流のつどいin岩手」が、全国から約三〇〇人の参加者をえて開催された。テーマが「次世代に受け渡す女性史を～岩手（遠野・大槌・宮古）から～」とあるように、岩手県の海岸よりの三会場を移動しながら行われた。会場を移動する「つどい」は初めてのことで、主催者（つどい実行委員会）の苦労は大きかったと思われるが、なによりも東日本大震災の被災の現場や復興への女性たちの努力を感じてほしいという願いから出た設営だった。

初日は遠野で、遠野市が共催。基調講演は加納実紀代さんの「戦後七〇年　平和の礎としての女性史」で、「『わたし』の〈現在〉に対する問題意識を基盤に過去を振り返る。平和とは、戦争のみでなく原発・差別・貧困・売買春など構造的暴力をなくすこと」と語った。分科会①「被災地のいま」では、重度障害者の家の被災から復興まで、『We』（雑誌『新しい家庭科We』の略称）会員が福島とつながり続けた話、遠野市の後方支援活動は女性たちの奮闘、なかでも文化財レスキューとしての貴重な資料の修復や図書館への献本活動などが心に残った。②「戦中・戦後七〇年（一）」は戦後日本の平和主義と女たちの平和思想、遠野高女の勤労動員、戦中の少女たちの勤労動員の記録についてで、被害経験と加害経験を単純に二分化できないのではと語られた。分科会終了後は交流懇親会。

一〇日はバスで大槌会場へ移動、大槌町教育委員会が共催。五年たったいまもまだ仮設住宅に住む人が多くいること、海岸沿いが工事中であることなどを目にすることができ心を痛めた。被災し再建した大槌町中央公民館でのシンポジウムは、鈴木京子さん（八七歳）、藤間千雅乃さん（八九歳）、千田ハルさん（九一歳）による「三度の津波と戦中・戦後を語る」。苦難の人生も飄々《ひょうひょう》と語る三人、そして藤間さんの謳う「すたこら音頭」でみんなの顔に笑みが。つづく講演は、病気のため来られない小原麗子さんに代わって、小原さんの本『自分の生を編む』を編纂した大門正克さんで、おなごという視座に立って地域をひらく活動をつづけてきた小原さんの人生を縦横に語り会場を魅了した。

一一日は宮古で宮古市が後援。岩手県立大学宮古短期大学部に会場を移動。分科会は③から⑩まで。午後の全体会で要約報告されたことを記すと③「海に生きる」では原発を阻止した岩手の女性たちなど。④「戦中・戦後七〇年（二）」では原爆投下予定地だったという新潟の話など。⑤「地域女性史」では女性史のつどいのあゆみとその意義を伊藤康子さんほか。⑥「史料」ではミニコミ電子図書館（WAN）の紹介など。⑦「労働・保育」は女性労働者の問題と保育問題の研究。⑧「差別に抗して」では在日朝鮮女性の話がずっしりと重く、生きることは闘いつづけることと語った。⑨「性・生殖」では産むことは国策の最前線にあることなど。⑩「女たちの三・一一――宮古市東日本大震災の記憶を記録する」では子どもたちを守る、医療と福祉、震災後の支援体制など。全体会のまとめとして江刺昭子さんは、会場を移動したことで被災地を体感。この震災を女性たちがどう乗り越えたか、歴史に組み込むことが必要。当事者の体験をどう引き継ぐかが重要と締めくくった。

「つどい」終了後、それぞれバスに分乗して盛岡や花巻の駅に向かった参加者の顔は、三日間の交流に輝いていた。広い岩手県のなかで、竹村祥子実行委員長、植田朱美事務局長以下、三カ所の実行委員さんたちが、それぞれ奮闘してこの移動会場での開催を成功させたことに感謝したい。

なお、いくつかの課題を感じたことを付け加えたい。「つどい」ではなかなか手に入りにくい女性史関連の各地の出版物を交流しあうことが恒例であり楽しみでもあるが、移動会場のため宮古しかその場が設けられず、しかも時間が少なかったことが残念だった。今後の課題について、分科会での報告が希望者の要望で決定するため、内容が必ずしも課題と一致しないことがあり、討論が深まりにくいというきらいがある。また地域女性史研究は近現代だけではないはずで、前回東京では近世の分科会を設けたが、今回は残念ながらなかった。複合差別、移動というテーマももっと深めたい課題だった。

一九七七（昭和五二）年から始まった「つどい」も今回で一二回を数えることができた。全国組織がなく実行委員会方式でつなげていくことの困難さのなかで一二回である。その間には、一時的ないわゆる「女性史ブーム」があり、次には男女平等へのバックラッシュがあったが、各地の女性史研究会は地道に着々と研究をつづけている。この研究をさらに発展・充実させるためにも、次なる一三回の「つどい」を期待している。

（二〇一六）

ゴマの花

5　地域・女性・歴史＝語り
――来るべき地域女性史に向けて

はじめに

地域女性史をテーマにしたシンポジウムが、大学で開かれたのは初めてではないだろうか。ある意味で画期的な催しではないかと思われる。

このシンポジウムのチラシには「地域女性史は、一九八〇年代から九〇年代にかけて日本各地で活発に展開された学問」であるが、「二〇〇〇年以降は、かつてほど盛り上がりをみせていない」と書かれている。地域女性史は学問であるが、ある意味では社会的実践でもあると私は思っている。こうした地域女性史の経緯を振り返りながら、そのなかで「語り」（聞き書きとオーラル・ヒストリー）のもつ意味を考え、「来るべき地域女性史」について述べてみたい。

なお私は、日本の近現代女性史を在野で研究している者だが、一九五〇年代に大学で歴史学を専攻し、その後は仕事・結婚・子育てなどで、一九六〇年代半ばに改めて女性史を学び始めた。地域女性史については、一九八〇年代からかかわり始めた。

一　歴史→女性史→地域女性史

1　歴史

歴史学という学問などが成立する以前から、人は自分が何処から来たのか、そのアイデンティティを確立するためにルーツを探り、親から子へ孫へと語り継いできた。無文字社会では、それは口承・伝承として大切にされた。現代でもアレックス・ヘイリーというアメリカ人が、自分のルーツを探してアフリカに渡った話が『ルーツ』として世界的なベストセラーになったことは有名な話である。

原始社会から、対立する勢力を征服して権力を樹立し国家が成立すると、権力の正当性を「正史」として書き残すようになる。日本の最初の書物は『古事記』であり、正史としては『日本書紀』が成立する。『古事記』は、稗田阿礼《ひえだのあれ》という女性が語る口承を太安万侶《おおのやすまろ》が書き記した。「正史」で征服者は「神」となり、被征服者は鬼などの異形のものになる。「正史」は権力の中枢を担った男性、そして政治・経済・文化が中心に記述され、その他は「稗史《はいし》」あるいは「物語」となる。

「正史」から除外された女性たちは人類の歴史で何をしてきたのか。女性が担ってきたのは、「生命の生産と再生産」つまり「いのちとくらし」を守りつづける仕事である。それは太古から現代にいたるまであまり変わっていない。子どもを産み育て、日々の食事や住まいなど日常の暮らしを整えるといった、目立たないが大切な仕事である。しかし「歴史」には、華々しく登場しない。こうして女性が欠落した歴史は、近代までつづいた。

2　女性史

近代の歴史学でも、女性は古代の女帝や紫式部・北条政子などごく少数しか登場しない。「名婦伝」のようなものはあったが、女性を歴史のなかに位置づけようと意図的に「女性史」という言葉を使ったのは、詩人高群逸枝《たかむれいつえ》（一八九四〜一九六四）であった。高群は人生の半ばから女性の解放をめざして、女性史（古代の家族史・婚姻史）の研究をはじめ、『母系制の研究』（一九三八）などを著した。

第二次世界大戦後、京都大学教授井上清によって出版された『日本女性史』（一九四八）は、折りからの「男女同権」の波のなかでベストセラーとなり、全国のサークルや労働組合などで読書会がもたれた。一九四六（昭和二一）年には婦人問題研究会（のち女性史研究会となる）が、戦前から研究していた三井礼子を中心に井手文子、村田静子、永原和子など、そののち女性史研究を牽引する人たちによって始められた。しかし女性史はまだ一般的ではなかった。一九五〇年代半ば、大学で歴史学を学んでいた私は、教授に「女性史をやりたい」と申し出ると「そんなものは学問じゃない」と一喝された記憶がある。六〇年代までは、女性史は一部の少数の女性たちによって細々と進められていたといえよう。

一九七〇年代初頭の女性史論争は、村上信彦「女性史研究の課題と展望」（『思想』五四九号、一九七〇年）から始まった。「井上女性史は、抑圧から解放へ」のみで、「多数の普通の女性の生活が描かれていない」と批判。若手研究者だった伊藤康子、米田佐代子、大木基子らが反論。「生活史か、解放史かではなく、生活の状態も解放運動も含みこんだ形の女性史を」との結論となった。

日本女性史の基礎的研究や文献目録などが、相次いで出版されたのは一九八〇年代に入ってからである。女性史総合研究会（代表 脇田晴子）を組織して一九七七〜七九年の文部省科学研究費を取得。1 原始・古代、2 中世、3 近世、4 近代、5 現代の5巻からなる『日本女性史』を東京大学出版会から一九八二年に出版した。その続編として『日本女性生活史』五巻も一九九〇年に出版。『日本女性史研究文献目録』（I〜Ⅳ）もつづいて刊行され、ある意味で研究の基礎的条件は整ったといえた。

女性史総合研究会は、関西を中心とした研究組織として継続し、機関誌として『女性史学』を発行。関東では総合女性史研究会が一九八〇年に発足し（二〇一三年に総合女性史学会となる）、機関誌は『総合女性史研究』である。なお、ジェンダー史学会が発足するのは二〇〇四年であり、『ジェンダー史学』を発行している。

3　地域女性史

地域の女性史研究会は、一九五六（昭和三一）年発足の愛媛女性史サークルを最初に、五九年の名古屋女性史研究会、七二年の北海道女性史研究会、七三年の新潟女性史クラブなど、各地域でのさまざまな運動をもとに自主的に始まっていた。

一九七五年、国連が主催した「国際女性年世界会議」がメキシコで開催された。その中心テーマは「平等・開発（発展）・平和」で、改めて日本における男女「平等」の問題が見直され、総理府に婦人問題企画推進本部が設置された。七六年には国内行動計画概案が発表され、以後、各自治体に男女平等推進計画の策定が求められ、その推進計画の一環として、各自治体による「地域女性史」の編纂が行われるようになった。その最初の成果は、神奈川県立婦人総合センター　かながわ女性史編集委員会編著の『夜明けの航跡　かながわ近代の女たち』

（一九八七年）であった。以後、各地で右へならえ式に編纂が行われていった。ちなみに、今日このあと報告してくださるのは、東京都江東区による『江東に生きた女性たち　水彩のまちの近代』（一九九九年）と、武蔵野市の『武蔵野市女性史』（二〇〇四年）の編纂にかかわった方たちである。自治体による女性史編纂の概要についてみると、編纂委員の構成は専門委員一～二名、公募による市民若干名、編纂期間は二～四年、内容はほとんど近現代の通史と聞き書きである。一九八〇年代の終わりころから二〇〇〇年代のごく初めころまで各地で編纂・出版されたが、一九九九年「男女共同参画社会基本法」が成立すると、「女性問題はもう終わった」というキャンペーンのなかで、自治体による地域女性史の編纂は激減というか姿を消したといってもいいのではないだろうか。

「女性史のつどい」

「女性史のつどい」は、全国各地で女性史を学び研究している人たちによる、自主的な集会である。その第一回は愛知女性史研究会が主催して一九七七（昭和五二）年名古屋で開催された。以来三～四年おきに全国各地で開催され、二〇一五年の「第一二回全国女性史研究交流のつどい in 岩手」以後、いまのところ次回つどいの計画は立っていないのが現状である。各回のつどいを列記する。

第一回　名古屋　一九七七年、第二回　北海道（旭川）一九八一年、第三回　神奈川（関東）一九八三年、第四回　愛媛　一九八六年、第五回　沖縄　一九九二年、第六回　山形　一九九四年、第七回　神奈川　一九九八年、第八回　岐阜　二〇〇一年、第九回　新潟　二〇〇三年、第一〇回　奈良　二〇〇五年、第一一回　東京　二〇一〇年、第一二回　岩手　二〇一五年。

一九八三年第三回の「つどい」の分科会では「地方女性史」を設けたが、次の第四回愛媛のつどいで「ここを変える」ためには「地方」ではなく「地域」との提唱があり、以後「地域女性史」との呼称が定着したと思われる。一九八九年には、東京・足立で地域女性史交流研究集会が開催されている。

各地の地域女性史研究会

『増補改訂版　地域女性史文献目録』（二〇〇五年）「補遺」（ドメス出版、二〇一〇年）を出したときの調査では、各地の女性史研究会は北海道から沖縄まで一二〇団体ほどあったが、一〇年後の現在、活動しているのは半数以下ではないかと思われる。会員の高齢化が進んでいること、若い世代は共働きであり子育て世代であって忙しく、こうした自主的な研究会に参加することが難しいこともあって、現在は次世代への継承が困難な状況にある。しかし各地で地道にコツコツと調査研究し、自前でその成果を出版しているグループもある。地域によっては、新聞社が応援しているところもある。

「地域女性史研究会」の発足

岩手でのつどいのあと第一三回開催の見通しはたっておらず、前記のように各地の研究会も高齢化が進み、休会や解散の状態も多いなかで、研究者たちの交流を深めることを目標に、二〇一四年三月、「地域女性史研究会」が設立された。中央↓地方ではなく、地域からの視座で歴史・女性史を問いつづけることをめざして、設立総会での永原和子さんの講演から「ここに生き　ここを超える」を目標に掲げた。以来、年二〜三回の例会を静岡、新潟、沖縄、大阪などで行い、年数回の「地域女性史研究会会報」の発行、隔年刊の会誌『地域女性史研究』の創刊号を二〇一八年に、第二号を二〇二〇年に発行している。現在の最大の課題は、若い世代にどう受け継ぐか、である。

二　語り・聞き書き・オーラル・ヒストリー

近代の歴史学は基本的には文献資料によって構築され、語り・口承は資料的価値が低いとして使用されないことが多い。語りが見直され用いられたのは、柳田國男らが主導した民俗学であった。
歴史学の分野では、歴史科学協議会機関誌『歴史評論』が一九七九（昭和五四）年に「聞き書きの方法について山本茂実氏に聞く」を特集し、毎年三月の女性史特集号で「山川菊栄」「丸岡秀子」「帯刀貞代」「市川房枝」など戦前からの運動家の聞き書きを行っている（また二〇〇四年には「オーラル・ヒストリーと女性史――沈黙の扉を開く」として特集を組んでいる。

歴史学研究会機関誌『歴史学研究』は一九八七年「オーラル・ヒストリー――その意味と方法と現在」を特集、そのなかで永原和子さんが「女性史と聞き書き」（生活史・戦争体験・地域女性史）を書いている。なお翌八八年には「オーラル・ヒストリーとその体験史―本多勝一の仕事をめぐって」と「事実の検証とオーラル・ヒストリー――澤地久枝の仕事をめぐって」が出されている。ここにオーラル・ヒストリーの実践者として登場する山本茂実、本多勝一、澤地久枝はいずれも歴史研究者ではなかった。

オーストラリアのアボリジニの研究者であった保苅実の『ラディカル・オーラル・ヒストリー』（御茶の水書房、二〇〇四年）と、吉沢南の『同時代史としてのベトナム戦争』（有志舎、二〇一〇年）は、いずれも優れた研究書として知られている。

自治体が主導して編纂する地域女性史は、通史と聞き書きからなるものが多い。私はいくつかの自治体の女性史編纂にかかわり、地域の女性たちの聞き書きを行い、これらも資料として用いながら通史を書いてきた。私のなかでは、オーラル・ヒストリーという認識は希薄だった。二〇〇一（平成一三）年の総合女性史研究会例会で、イギリスから帰国した酒井順子さんによる「イギリスにおけるオーラル・ヒストリー」という報告が行われた。私がいままで行ってきた「聞き書き」と、イギリスで盛んに用いられている「オーラル・ヒストリー」とは同じなのか違うのか。自分の目で確かめたいと酒井順子さんにお願いして、この年の夏イギリスへオーラル・ヒストリーと資料保存の問題も含めて学びに出かけた。帝国戦争博物館、エセックス大学、ナショナル・ライブラリー、大英博物館などでいろいろ教えてもらった。さすがオーラル・ヒストリーの先進国だけあって資料も充実しており学ぶことも多かった。酒井さんの師でありイギリスのオーラル・ヒストリー界の中心であり『記憶から歴史へ　オーラル・ヒストリーの世界』（青木書店）の著者であるポール・トンプソン氏は、海外出張中とのことで残念ながら会えなかった。

帰国後、女性史関係の人たちと相談し、二〇〇三年一月「オーラル・ヒストリー総合研究会」を発足した。その翌月ポール・トンプソン氏が来日し各地で講演したが、私たちの「オーラル・ヒストリー総合研究会」の例会にも出席し、私たちの聞き書きを評価してくれた。この年九月、アメリカのオーラル・ヒストリーなどの研究をしている女性たちも含めて、「日本オーラル・ヒストリー学会（ＪＯＨＡ）」が発足した。社会学・歴史学などのほかさまざまな分野で聞き書きを行っている人々を含めた会となった。

では語り・聞き書き・オーラル・ヒストリーは同じか異なるか、正式な定義づけがあるわけではないと思われる。しかし「語り」は、語り手が主体で過去の自分の体験や想いを自由に語ることで、高齢者施設などで行われたりしている場合も含めて必ずしも文章化するわけではない。「聞き書き」は、語りを聞き手が文章化する。語り手と聞き手（書き手）との共同作業になる。「オーラル・ヒストリー」は、語りを歴史叙述化するが、資料批判が必要となる（歴史関係の場合）。これは私が考えた分け方で、不十分かもしれない。

次に「語り」（聞き書き、オーラル・ヒストリー）がなぜ必要かを考えてみたい。すでに述べたように、従来の歴史には生きた庶民、とりわけ女性が登場しない。「いのちとくらし」が人類の歴史の基本であり、ここに光を当てることによって、より豊かな生き生きした人間像を基にした歴史を描くことができるのではないかと思われる。

一方で、「語りは主観的で歴史資料となりえない」という説がある。しかし、では文書資料は一〇〇%客観的で正しいか、書き手の主観が反映されていないか。どちらも歴史叙述には資料批判が必要であることはいうまでもない。

現在、語り（聞き書き）は歴史学以外のさまざまな分野で用いられている。社会学、人類学、民俗学、ルポルタージュなどなど。そして高齢者福祉の分野では、認知症予防などにも用いられている。

語りは、本人に語る意思があれば誰でも語れる。しかし聞き手には一定の聞く能力（ある意味での技術）が必要である。

おわりに
――来るべき地域女性史に向けて

「いのちとくらし」を語り、記録する地域女性史の実践を、若い世代の人々にぜひ実行してもらいたいと思う。たとえば身近なところで、「祖母・母の歴史」を聞き書きすると何が見えてくるか。自分自身の生き方を考えるきっかけともなるのではないか。こうした実践を通じての「新しい歴史像」の構築を若い世代に期待している。

（二〇一九・一二）

〈コラム〉新たな女性史の未来をどう切り拓くか

――成果を引き継ぎ、さらに発展させるために

五年ぶりの開催

記録的な猛暑となった二〇一〇（平成二二）年九月四～五日、東京の国立オリンピック記念青少年総合センターで、「第一一回全国女性史研究交流のつどいin東京」が開催されました。二〇〇五年の奈良での「つどい」以来五年ぶりの開催となり、北海道から沖縄まで三二都道府県から五〇一人が参加し、暑さに負けない熱気あふれる「つどい」となりました。

この「女性史のつどい」は一九七七（昭和五二）年名古屋で第一回が開催されて以来、北海道・旭川、関東・江の島、愛媛、沖縄、山形、神奈川、岐阜、新潟、奈良と二～三年おきに各地で開かれてきました。全国組織があっての大会ではなく、まった

コラム

く自主的に地域で実行委員会を立ち上げて行うもので、それだけに苦労もあり、また大会を成功させたことへの喜びと地域への影響も大きいのではないかと思われます。

　今回、東京で開催したいきさつは、奈良でのつどい以来どこからも開催の声が挙がらず、また二一世紀に入るころからのジェンダー・バックラッシュなどの影響で、地域女性史の研究・編纂がやや沈滞気味であるなどの状況をなんとか打破したいという思いがそれぞれのなかで強かったことからです。幸い東京を中心とする首都圏には、山形のつどいのあと有志・グループによる「女性史研究東京連絡会」という組織ができて、年一回くらいの情報交換を兼ねた集まりをもっております。この連絡会の仲間から声が挙がって、東京開催を決定したのは二年前でした。

　以来、連絡会を中心に実行委員会を立ち上げて準備を進めてきました。まず会場を確保するのがひと苦労、オリンピックセンターに交渉に行きましたら、「ここは青少年のための施設です。あなたたちのなかに二九歳以下の方はどれくらいいますか?」などとジロジロ見られたりもして、特別申請書を出してようやく許可をもらいました。実行委員は全部で四五人、遠く栃木から参加してくださった方たちもいて、皆さんの無償の努力と熱意に支えられて準備は行われました。なかでも実質的な事務局となった運営委員の一〇人の献身的な働きは大きかったと思います。

今回の「つどい」の特徴としては、自治体など官からの援助はいっさい受けなかったことで、財団法人日本女性学習財団、財団法人市川房枝記念会女性と政治センター、総合女性史研究会の三団体から協力をいただきましたが、そのほかは全国からのたくさんのカンパでまかなってきました。カンパと一緒に送られてくる「待望のつどいです」「待っていました。頑張ってください」などという言葉に、実行委員会一同励まされました。

多彩なテーマで一一の分科会

「つどい」のメインテーマは「新たな女性史の未来をどう切り拓くか」とし、過去一〇回の「つどい」の成果を受け継ぎ、さらに発展させることをめざしました。

四日午後の開会式では、実行委員長の挨拶のあと、「つどい」に寄せた先輩一〇氏（大野曜《てるこ》、古庄ゆき子、菅野則子、永井路子、中嶌邦、永原和子、中村政則、本尾《もとお》良《りょう》、もろさわようこ、安丸良夫）のメッセージの紹介をしました。澤地久枝氏の記念講演は「一人からはじまる」と題して「女性史を単なる研究テーマにするだけではなくて、日本の運命を変えるものに」と一時間にわたりました。その後、一一の分科会のうち「地域女性史2　資料保存・公開・活用など」「地域女性史3　オーラル・ヒストリー」「戦争と平和」「市民運動・政治参画」「複合差別」「労働・福祉」の六分科会が行われました。夜は懇親会で、二〇〇人を超える人々が久しぶりの再会と交流を楽しみました。

翌五日は残る五分科会、「地域女性史1　聞き書き集・通史・年表など」「教育とジェンダー」「移動」「家族と性」「江戸に生きる」が行われました。午後は佐藤真子さんの「女性史をうたう」というテーマで平塚らいてうの「元始、女性は太陽であった」や与謝野晶子の「君死に給ふことなかれ」などのミニコンサートではじまり、全体会では分科会の報告とそのまとめがあり、実行委員全員の紹介で閉会しました。

「前近代」や「複合差別」など新しい視点で

今回の分科会は、奈良での「複合差別」を受け継ぎ、在日の方の報告もあり、また新たに「移動」を設け、中国残留婦人の問題での報告もありました。東京開催でもあり、前近代を視野に入れた「江戸に生きる」は好評で、次回もぜひ前近代をという声がありました。地域女性史に前近代を含みこむことは、今後の課題でもあります。全体会でのまとめでは、戦後史の報告が多かったこと、近世と近代をつなげる視点があったこと、家族のなかでもタブー視されていたセクシュアリティの問題がテーマになり得たこと、総じて存在するのに隠されてきた人々の姿や問題が可視化されてきたこと、そして地域の問題が日本全国に、アジアに、地球全体に広がりを見せ始めたことで、「新たな女性史の未来」が「切り拓」かれた「つどい」になったと結ばれました。

このほか、市川房枝記念会から提供された「女性と政治参加――民権運動女性先駆者から市川房枝へ」という展示コーナーは好評で、センター棟での五日の展示には他団体の若者も見にきていました。公的機関のため商行為はできないといわれており、書籍交流コーナーと銘打ったところには、地域女性史の研究会・グループ・個人が発行した書籍、史資料などがずらりとならび圧巻でした。各地の研究が着実に進展している状況が見て取れるコーナーであり、一般の書店にはなかなか並ばない書籍を手にとって見ることのできる貴重な機会でもありました。

今年の夏は猛暑のため、「つどい」のさなか気分の悪い人でも出たらと看護師さんにも待機してもらいましたが、そのようなこともなく、保育も無事に終わりました。この「つどい」の成功の陰で、実行委員のほかに男性を含めて三九名の協力者が当日さまざまな分野で活躍してくださいました。

女性史研究の長年の蓄積が、ジェンダー史や男性史を誕生させてきたといえます。そしてまた女性史研究は女性だけの問題ではなく、男性も含めて、政治や経済だけでなく、生活の視点での発言や活動が、日本の未来をまさに切り拓いていく、総体的な研究になりつつあるのではないでしょうか。東京につづく第一二回が、遠くない未来に開かれることを念願しております。

（二〇一〇・一二）

＊「第一二回全国女性史研究交流のつどいin岩手」が二〇一五年一〇月九〜一一日に岩手で開催された。

第三章

聞き書き、そしてオーラル・ヒストリー

シャクナゲ

1　オーラル・ヒストリーと私

オーラル・ヒストリーという言葉を私が初めて意識したのはいつだったでしょうか。多分『歴史学研究』が特集した「オーラル・ヒストリー――その意味と方法と現在」（一九八七年六月号）を読んだときではなかったかと思います。永原和子さんが「女性史と聞き書き」（傍線は筆者）という報告で、生活史や地域女性史、戦争体験などの聞き書きについて述べています。澤地久枝さんや本多勝一さんの業績をオーラル・ヒストリーとして取り上げての座談会が掲載されていました。

この時点では、聞き書きではなくオーラル・ヒストリーはまだ自分の課題として迫ってきてはいなかったような気がします。

「地域女性史」と『歴史評論』

地域女性史での私の聞き書きは、『多摩の流れにときを紡ぐ――近代かわさきの女たち』

（一九九〇年）、『新宿　女たちの十字路』（一九九七年）、『里から町へ　一〇〇人が語るせたがや女性史』（一九九八年）、『江東に生きた女性たち　水彩のまちの近代』（一九九九年）、『東京タワー、伝統と先端の街　聞き書き　みなと女性史』（二〇〇八年）などで体験し、単行本として出版はされず冊子でしたが、『調布の里ものがたり』（一九九九年）『三鷹の女性史』（二〇〇三年）、のちには『平塚ものがたり』（二〇一二年）などにもかかわりました。

それより以前、『歴史評論』が女性史特集として戦前から婦人運動にかかわった女性たちの聞き書きを行った際、記録担当として参加したことがあります。帯刀《たてわき》貞代「私の女性史研究――婦人運動のなかから」（一九七二年七月号）、丸岡秀子「生活と思想の軌跡」（一九七七年三月号）、山川菊栄「山川菊栄氏に聞く――日本におけるマルクス主義婦人論の形成過程」（一九七八年三月号）、「市川房枝氏に聞く――私の婦人運動――戦前から戦後へ」（一九七九年三月号）で、この四人の聞き書きはのちに『近代日本女性史への証言』（ドメス出版、一九七九年一〇月）として出版されました。

イギリスで学んだこと

私がオーラル・ヒストリーを自分のこととして考えるようになったのは、二〇〇一（平成一三）年一月、総合女性史研究会（現　学会）例会で、イギリスから帰国した酒井順子さんのオーラル・ヒストリーについての報告を聞いてからです。もっと詳しくイギリスのオーラル・ヒストリー事情と音声資料の保存について知りたくて、二〇〇一年七月にイギリスに出かけて行きました。主な訪問先はブリティッシュ・ライブラリー、帝国戦争博物館、エセックス大学のクオリデータ・アーカイブでした。

イギリスにはオーラル・ヒストリー学会があり、大学では正式にカリキュラムに入っている、また帝国戦争博物館は国立であり、オーラル部門には戦争に関するあらゆる体験が聞き書きとして残されており、整然と分類・保存されていました。そしてインタビューアーの養成も行われているとのことでした。またブリティッシュ・ライブラリーでは、二五〇万ものサウンド資料が残されていると聞いてびっくりしましたが、それには自然の音、文学の朗読なども含まれているとのことで、オーラル・ヒストリーはその五％くらいとのことでした。しかし五％でも一二万五〇〇〇人でしょうか。著名人はもとより、芸術・産業・労働などいろいろな部門のグループのライフストーリーを集めてもいるとのことでした。日本では国会図書館が、政治家の聞き取りを保存していると山口美代子さんに聞いたことがありますが、女性は市川房枝ただ一人とのことです。日本の実情とあまりに違うのにカルチャーショックを受けました。

この年（二〇〇一年）の八月に出版した『地域女性史入門』（ドメス出版、二〇〇一年）のなかで、このイギリス事情を紹介し、「さしあたってオーラル・ヒストリー研究会のようなものでも希望する人を募って立ち上げて、方法論など研究できたらと、帰国の飛行機のなかで考えた」と書きました。

オーラル・ヒストリー総合研究会

そしてそれが実現に向かって歩きだしたのは、その一年後のことでした。二〇〇二(平成一四)年一〇月酒井さんの先生であるポール・トンプソン氏を迎えて「オーラル・ヒストリー・ワークショップ」を開催する予定でしたが、トンプソン氏の来日が急きょ延期されて、その日集まった人々から「オーラル・ヒストリー研究会」の結成が提案されて、その準備委員が選出されました。翌二〇〇三年一月「オーラル・ヒストリー総合研究会」(名称に総合が加えられた)の結成式が行われました。

三月にはトンプソン氏を迎えてのワークショップが行われ、各地で地域女性史などに携わっている五人の女性に報告をしていただき、トンプソン氏は「発表されたプロジェクトはそれぞれ重要であり、……ヨーロッパのオーラル・ヒストリーに近い」とコメントし、私たちの聞き書きを評価してくれました(『Oral History Workshop News』創刊号参照)。

日本オーラル・ヒストリー学会

さらに日本オーラル・ヒストリー学会（以下、ＪＯＨＡ）の結成も同時並行的に進行しました。二〇〇二（平成一四）年一一月、政策研究大学院大学主催の「二一世紀のオーラルヒストリー」が行われ、そこで海外での学会で知己となった酒井順子さん、中尾知代さん、吉田かよ子さんなどの研究者が再会し、学会を立ち上げる話が出て準備会が始まり、私も参加しました。

何回かの準備委員会ののち二〇〇三年九月二三日、中央大学後楽園キャンパスで設立大会が開催されました。記念講演は来日したローリー・マーシェさん（アメリカ、オーラル・ヒストリー学会会長）とジャクリン・ギア＝ヴィスコヴァトフさんで、アメリカのオーラル・ヒストリー事情が少しわかったような気がしました。当日の第一分科会で私も「地域女性史と聞き書き——東京地域を中心に」というテーマで報告をいたしました。まだ自分のしてきたことを「オーラル・ヒストリー」と名づけることにはためらいがありましたので、タイトルは「聞き書き」とつけました。（『日本オーラル・ヒストリー研究』第九号、吉田かよ子さんの「設立大会を振り返って」参照）。

一〇年のあゆみ

このオーラルに関する二つの会の結成に参加してから、早いもので一〇年余も経ってしまいました。その間、私自身オーラルに関して理解が深まったでしょうか、成果を挙げてきたでしょうか。考えるとその遅々たるあゆみに忸怩《じくじ》たる思いがします。オーラル・ヒストリー総合研究会は女性史関係の人々が主流で、お互いに経験を出し合い議論し、あるいは大門正克さんや清水透さんなどの講師を招いての勉強会を重ねてきました。初期のころには「ジェンダー・戦争・記憶」を共通テーマとして調査・研究をすすめよう、といったことも提案されましたが、特筆するような成果はなかったと思います。

宮崎黎子さん・生方孝子さんと私の三人で『橋浦家の女性たち』（ドメス出版、二〇一〇年）をまとめたことがささやかな成果だったでしょうか。第二一回例会（二〇一一年）で報告させてもらい、みなさんからご批判などをいただきました。聞き取りと手紙を素材に構成したこの本は、当日のコメンテーターの江刺昭子さんが、「せっかくの素材を存分に生かしたといえるのか」と批判したとおりかもしれません。重信幸彦さんは、「（文字の言葉、声の言葉という位相の違う）言葉との向き合いかたを改めて考えさせてくれる」とコメントしてくれました。

確かに無理に「オーラル・ヒストリー」と名づける必要はなかったかもしれません。橋浦時雄、泰雄、はるといった著名な人たちを生み出した一族のファミリー・ヒストリーであり、私たちの意図としては、目立たないけれど彼（女）らの背後でしっかりと地に足をつけて生きた人々がいたことを描きたかったのでした。力不足のため、不十分だったと思いますが、共同研究・作業は楽しかったといえます。

一方、ＪＯＨＡは現在一〇年を経て会員数は二五〇名にもおよび、学会としての地位を確立したといえるようです。ただしオーラル・ヒストリーは想像以上に多分野の人たちが用いており、医療関係、人類学、民俗学、新聞・雑誌・放送などのジャーナリストなどなど、そしてＪＯＨＡでは社会学・社会史関係の人が多く参加しており、歴史学関係者は少数です。当初戸惑うこともあったのですが、学ぶことも多くまた若い研究者たちの熱気に触れて、元気をもらったような感じでした。初期に理事として活動したのち私は退任し、一会員として在籍しワークショップなどに参加していました。二〇一一（平成二三）年から帰り新参として再び理事になり、研究活動委員会で楽しく仕事をし、第一〇回大会の記念テーマセッションを「日本のオーラル・ヒストリーの源流をたどる——地域女性史の歩みから」と題して伊藤康子さんを招いたことなど、日本のオーラル・ヒストリーの歴史のなかで女性史、なかんずく地域女性史が果たした役割をこのように位置づけることができたのは幸いでした。

いまは宮崎さんに理事をバトンタッチして、私は「老兵は隠居」の気分です。

オーラル・ヒストリーと私のこれから

一〇年経ってオーラル・ヒストリーのことが少しわかってきたと思っています。「聞き取り」は話者の語りですが、聞き手の力量によって聞き取る内容に大きな違いが出てきます。「聞き書き」は話者の話を記録し文章化しますが、書き手（聞き手）の意図が反映されますし、その意味で聞き書きは話者と書き手との共同作業だと私は前から書いていました。その過程で語りを個人的なことから歴史のなかに位置づけることにより、話者は自分の人生の意味を知り、書き手も歴史認識を深めることができるのではないでしょうか。では「オーラル・ヒストリー」はどうでしょう。「聞き書き」も話者の「ライフ・ヒストリー」としてオーラル・ヒストリーの範疇《はんちゅう》に入れてもいいと思いますが、「語り」「記録」を分析・研究し、体験を「歴史化」していくことが本質ではないかと考えています。

ポール・トンプソンは『記憶から歴史へ』のなかで、「すべての歴史は最初は口述であった」と書き、また「女性史の分野でも、オーラル・ヒストリーの可能性は限りなく大きい」それは「女性の尊厳を再主張することであり、先祖の女性の沈黙を破ることである」と書いています。この言葉に勇気づけられて、「日暮れて、道遠し」の感があるいまの私も、もう少し頑張ってみましょうか、と思っています。

（二〇一四・七）

2　ライフヒストリーを語ること・学ぶこと

聞き書きと女性史

近年、女性史研究が活発に行われるようになっている。そもそも女性史は、従来の歴史書、いわゆる正史の支配者や男性偏重に対する異議申立てとしてスタートした。ちなみに歴史の教科書をひもといてみると固有名詞で登場する人物のうち、女性名は一割にも満たない。しかしいつの世も男性と女性はほぼ同数で社会を形成し、次世代の育成もしてきた。女性の歴史を具体的に探りその史実をもとに、女性も含めた新たな視点で歴史を見直し、書き直すことが女性史の本来の目的である。従来の歴史に、女性のことを単に付け加えるだけの「つけた史」ではなく、「書きなお史」であるべき、と私は考えている。

ところが、女性に関する史実を探ろうとすると、史料が非常に少ない。郷土資料館や公文書館などを見に行っても、窓口で「女性の史料？　そんなものはありませんね」とにべもなく断られる。私の経験でも断られた後なおもねばると、「不要の文書がダンボールに入っていますので、それでも探したらいかがですか」といわれて、埃《ほこり》を払いながら見ると衛生関係とか家計簿に類するものとか、女性史にとっては宝のような史料が眠っていたりした。

しかし、やはり女性に関する文字史料は圧倒的に少ない。なかでも生活のこまごましたことの記録はないに等しい。女性史はある意味で、民衆史であり生活史である。民俗学の先達が、貴重な記録を残してくれている場合もあるが、歴史資料として使うには一定の留保が必要になることが多い。そこで登場するのが「聞き書き」である。

聞き書きの占める部分が大きい分野は、①庶民史―生活史、地域史など、自治体史では女性に関する記述は非常に少ない、②戦争体験―①と重なる部分も多いが、戦争体験は近代史のなかでも重要な意味をもつ、③女性の運動史―女性たちが担ってきたさまざまな運動、女性解放運動や労働運動や社会運動など。労働運動・社会運動でも女性の果たした役割は文書として残りにくい。

歴史学界で聞き書きがある程度注目を集めたのは、一九六〇～七〇年代にかけてである。たとえば山本茂美の『あゝ野麦峠』や山崎朋子の『サンダカン八番娼館』などで、民衆史に光が当てられた。その後、地域女性史研究が活発化するなかで、地域の、なかんずく普通の女性たちの聞き書きは、必須要件となった。北海道から沖縄にいたるまで、正確には把握できていないが、おそらく万を数える女性たちの聞き書きがなされていると思う。しかし歴史学では聞き書きの資料的価値を低く見る傾向がないとはいえない。あの衝撃的な、かつて「慰安婦」にされた女性の証言を裏づける公文書が見つからないから信頼できないとして、退けようとした事件はまだ記憶に新しい。

諸外国では、オーラル・ヒストリーは歴史研究の重要な分野とされている。日本でも二〇〇三（平成一五）年、社会学、人類学、民俗学、歴史学などの分野の人々によって、ＪＯＨＡが創設され、その追究が始まっている。

聞き書きの役割と意義

前項に書いたように、聞き書きは記録を残すことの少ない庶民、とくに女性の生活を明らかにすることができる。日々の暮らし、衣食住などの変化とそれを担った女性の働き、結婚・妊娠、出産、子育てなど次世代を育成する営みなどは、人間の歴史にとって重要であるにもかかわらず、従来軽視されてきた。

また聞き書きは、歴史を生きた人間の営みとして把握することを可能にする。歴史がどこかのエライ人だけの創り出すものとしてではなく、自分たちもその一員として歴史に関与してきた実感をもつことができるし、また生の証言は歴史に臨場感や迫真性を与える。

その一方で、個人の主観が強く出て、歴史を全体として見る視点に欠けるきらいがあるし、記憶による制約もある。何を記憶しているか、あるいは間違えた記憶ということもある。語られない事実もあり、その沈黙の意味をどうとらえるかは難しい問題である。また発表の段階で、個人のプライバシーにかかわるとして、活字化を断られる場合もある。こうしたいくつかの限界があるとはいえ、聞き書きは二度と同じ証言は得られないという意味も含めて、重要な作業であり、未来への貴重な遺産であると考えている。

私はいくつかの地域女性史編纂に際して聞き書きを行ってきた。私自身が実際に聞き取りに行った場合もあるし、市民委員が聞き取りを行う場合のアドバイスをしたこともある。一般的には、聞き書きは「話を聞く」ということで簡単に考えられがちであるが、聞き手の力量とその準備次第でその成果に大きな差が出てくる。さらにその聞き取った話を読んで解る文章にするのは、かなり難しい仕事である。その意味も含めて、聞き書きは話し手だけの問題ではなく聞き手との共同作業であるし、発表原稿には必ず聞き手（あるいは書き手）の名前も記すことが必要であると思っている。

聞き書きを行う場合、話者に連絡をとり「話を聞かせてください」と頼むと、普通の女性はたいがい「私の個人的な話なんか別に取り立てて話すこともありませんので」といわれる。しかし「その普通の話でいいので……」とお願いして聞くと、実に豊かな話が聞き取れることがあり、その話を聞くなかで「ああ、私の人生も大きな歴史の流れのなかにあったのね」と実感をもって語ってくれることになる。

聞き書きは、ただ話者の話を聞き取るだけでなく、その作業を通じて、お互いに歴史の担い手であるという認識をもつことができると思う。その意味で聞き書きは、話し手、聞き手双方にとって、ある種の自己学習であり、歴史教育の一環でもあると考えることができる。

ライフヒストリーを語ること

まえがきが長くなったが、実際にライフヒストリーを語ることの楽しさと難しさについて触れたい。聞き書きをする場合、一定のテーマを決めてそのことについてだけ聞き取ることもある。たとえば「電話交換手の仕事」「東京大空襲」などであるが、一般的にはテーマがあったとしても、その人のライフヒストリーを含めて聞く場合が多い。それは「電話交換手の仕事」の内容について聞くにしても、何故その人が「電話交換手」になったかを素通りすることはできないからである。その人の人生をほぼ丸ごと聞き取るなかで、初めてそのテーマにも迫ることができるのではないだろうか。

しかし、七〇年、八〇年と生きてきた人の人生を短時間で聞き取ることは、まことに難しい。私自身もかなり長い時間生きてきて、その人生をいざ語るとなると躊躇《ちゅうちょ》してしまうのではないだろうか。かなり前に、私の両親が住んでいるところの自治体史の聞き取りに父と母が応じたことがあった。聞き手が私の友人だったこともあって「おまえも居てほしい」と父にいわれて同席したことがあった。

聞き取りはスムーズに進み、父は上機嫌で話していたが、脇で聞いていて（聞き手への礼儀上、口はさしはさまなかった）何か違和感を禁じえなかった。九十余年を生きてきた父の話が二時間に収まるとも思えなかったし、本来は母への聞き取りだったはずであるが、父も同席したがために、ほとんど父が語り、母は相づちを打つくらいで終始した。こういうケースはいままでにも何回か経験している。女性の話を聞くつもりで行っても、夫が同席していると、夫の一人舞台になってしまうことがままあるし、これは従来の夫婦関係の反映でもある。

ライフヒストリーには、歴史資料としての語りのほかに、別の役割もある。それは心理学などでいわれる、語ることによる「癒《いや》し」の効果である。高齢者の話は、昔は尊敬をもって聞き取られた。長い人生の知恵は、これから人生を送る人々への教訓であり励ましでもあった。しかし現代のようにめまぐるしく世相が移り変わる時代には、昔語りは敬遠されてしまう。家族のなかでも「またおばあちゃんのつまらない話が始まった」と誰も聞く耳をもたないことが多い。そこへ話を聞いてくれる人が現われるのだから、生き生きと語り、「ああ私の人生もまんざらではなかった」と癒され満足する。昨今は、高齢者の施設に「傾聴ボランティア」が派遣されるようである。

いずれにしても人に話すということは、自分と自分の生きてきた道を客観的に見つめ直すことになるわけで、話しているうちに整理されたり、納得したり、「お姑さんが厳しかったのは、こういうことだったのね」などと改めて気づいたりすることが多いようである。

自身の手で自分史を書く人も増えているが、まだまだ女性では少ない。また男性の自分史には、時として自己PRに終始することもある。聞き取りは自己満足ではない自己の人生を、聞き手との共同作業で行うことで、客観的な歴史に位置づける、歴史の相互学習ということができるのではないだろうか。

ライフヒストリーを学ぶこと

地域女性史を編纂する事業として、自治体が市民委員を募集することがあるが、そこに集まってくる人々はほとんど歴史学研究には無縁で、でも「面白そうだから」「歴史は好きだから」「地域のことを知りたかったから」などの動機が多い。そして編纂の仕事の一つとして、聞き書きを行うことになるが、「話を聞くだけだから簡単よ」とすぐ飛びつく人、「知らない人に会うのは苦手なの」と二の足を踏む人などさまざまだが、聞き書きを重ねるにつれてその魅力に嵌《はま》ってしまう人が多くいる。簡単と考えていた人は、人の一生を聞き取ることの難しさ、奥深さに、苦手と思っていた人は、人生を重ねた語り手の滋味溢《あふ》れる人柄や話に魅了されて、聞き書きをつづけることになる。

次に紹介するのは、「歴史と自己の再発見」と題して「オーラル・ヒストリー総合研究会」の例会で発表された、各地で聞き書きをつづけてきた人たちの感想の一部である。

Aさん「どんな小さな物語でも、一人ひとりがみんな主人公なんだ、という思い。……歴史には活字になれなかった声がたくさんあるということ。……一〇万人が死んだという記述からは、いのちの重さはとうてい想像できない」

Bさん「話し手の人生を擬似体験することで、自分の生き方と照らし合わせ、人間性や人生、社会に対する視野が広がった。……地域や環境変化を机上の知識ではなく生活に即したものとして実感できた」

Cさん「私のなかにいつも聞き書き苦手意識が」あったが、それは「一般にいわれている歴史を私は曖昧にしか理解していないのに、埋もれている女性の歴史といっても……よくわからない」。そこで「いままでの歴史も……地域のことも調べ、学ばないと」と「前向きに取り組んで行きたい」

Dさん「事前にもう少し学習して話の焦点をしぼっておけばよかった」「同じ女性同士、同じ地域の住民同士ですので、地域の話はよくわかりますが、逆に地縁、血縁関係がわかって聞きにくい」

Eさん「一通りの聞き取りでは薄っぺらなものになりがちです……歴史的背景とどう重ね合わせているのか。……ささやかな聞き取りでも、まさに女性の歴史の実際を再認識する聞き書きの一つひとつ」

以上のように発表者の報告は、まさに「歴史と自己の再発見」であり、頭と身体を使っての主体的学習であり、机上の知識ではない学習となっていることが明らかであった。

私が社会教育の場で歴史の講座を受け持つとき、最初に受講者に対して「学校での歴史は好きでしたか」と聞くことがある。その場合八割以上の人が「好きではなかった」と答える。その理由は「暗記物だから」「昔のことで自分とは関係ない気がした」などが多い。子どもにとってあるのは未来だけ、過去を顧みることは難しい。それに比べて自分の生活史をもつ大人は自分の過去と歴史を重ねて観る複合的視野をもつことが可能である。私は歴史学習こそ、大人の学習であると考えている。

（二〇〇七・八）

3　自分の生を編む
——小原麗子　詩と生活記録アンソロジー

本書『自分の生を編む』（日本経済評論社、二〇一二年）は、岩手に住み、一九五〇年代からの半世紀におよぶ年月に五〇〇以上の文章を書き、五冊の詩集を刊行してきた詩人小原麗子の詩と文章を、年代順に編み、近現代史研究者である大門正克が編集・解説を付したものである。

本書の編集方針は、大門の「はしがき——本のなりたちについて」で明らかにされている。まず「二十世紀後半にあって生活記録と詩を書きつづけた人の記録として、半世紀にわたり『女性』と『戦争』にこだわりつづけてきた女性の軌跡として、岩手から発信しつづけた人のあゆみとして」、この作品集をつくることに意味があった、としている。

具体的には、そのときどきに小原が思索し表現した文章や詩とともに、その活動の輪郭がわかる文章を収録したこと、さらに全体像を見渡すために、その作品を歴史的に位置づけるようにした、ともしている。この編集方針によって編者も書いているように、小原の作品が文学・詩の範疇《はんちゅう》を超えすぐれて歴史的意味をもつものとなっている。本書の構成と時期区分を示すと以下のようである。

Ⅰ　プロローグ
Ⅱ　書くことで生きる――生活を記録する　第二期（一九五六～一九六三年）
Ⅲ　むらのなかの声を聞く――高度成長とフェミニズムのあいだで
　第三期（一九六四～一九七五年）
Ⅳ　「おなご」という視座――新しい出発の場所　第四期（一九七六～一九八三年）
Ⅴ　家と地域をひらく――花のなかの麗ら舎　第五期（一九八四～二〇〇〇年代）
Ⅵ　エピローグ

まず、プロローグの冒頭に置かれている「姉は国と夫に詫《わ》びて死んだ」が衝撃的である。一九歳で本人の意思とは無関係に、望まれて親同士の取り決めで結婚した姉。厳しい姑のもとでの生活、やがて夫はたくさんの日の丸の旗に見送られて出征する。そして戦時下、人一倍働かなければならない嫁の身で、姉は身体を悪くして入院する。夫が「戦死したそうだ」という噂が流れた夜、姉は病院を抜け出して鉄道自殺をした。「非常時に死んでゆくのは申し訳ない。

戦地にいる兄《あに》さん（夫）に申し訳ない」という遺書を残して。小原の原点はここにあった。

夫が戦死し残された人生を舅姑に仕えて、あるいは子どもとともに苦闘する、こうした悲劇は戦争中そして戦後も数え切れないくらいあった。菊池敬一・大牟羅良編『あの人は帰ってこなかった』（岩波新書、一九六四年）や、小原徳志編『石ころに語る母たち』（未來社、一九六四年）などなど、戦後、たくさん編まれている。こうした「戦争未亡人」の苦しい人生を描いた文章は忘れることができない。しかしその悲劇を目の当たりにしていた妹たちがその体験をどのように内面化したか、戦後の生き方を描いた作品はあまり多くはない。小原麗子は私と同世代である。兄たちを戦死させた妹世代の私たちは、戦後をどう生きてきたか、そうした鋭い問いをつきつけられるような思いのする書である。

本書のⅡでは、小原が中学校を卒業し家の農業を手伝っていたとき「縁談」がもちあがる。拒否する小原に母は、年ごろになったら嫁に行くのがあたりまえなのにお前は、と嘆き悲しむ。小原は「家を出るか—お嫁に行くか—死ぬか」と悩んだ末、叔父の紹介で沼津のひもの屋に就職する。しかし与えられた仕事は「女中」であり、本も読めない生活だった。

やがて帰郷し、実家のある町の農協に勤め、青年団活動に参加、積極的に生活記録の文章と詩を書き始める。一九五〇年代、農村や工場などで生活記録運動が盛んだった。ここにも場所は異なるが、同時代を生きた私と共通の体験が重なる。

大門は解説の注で「近年、一九五〇年代の記録（生活記録）、表現についての関心が急速に高まっている」と書いているが、当時の私にとってそれらは、呉羽紡績労働組合文教部編『機械のなかの青春――紡績女工の詩』（三一書房、一九五三年）や、木下順二・鶴見和子編『母の歴史――日本の女の一生』（河出書房、一九五四年）などだったし、かの有名な近江絹糸の人権争議は身近に起こった問題だった。

この時代、女性たちは「家」や「嫁」から脱出するために、血の涙を流す思いをしてきた。小原の問題意識の第二はここにある。


本書のⅢは、高度経済成長の時代、小原は実家を出て独立した生活を始める。そして「男に添って『家』を守るということは、男の自由も束縛する加担者となりかねない。それを拒絶して、男と共に自由の彼方へ、遁走し続けること。というのが、いまの私の夢なのでございます」と書いた。

しかし、この時代、農村とくに東北の農村から集団就職の若者たちがぞくぞくと都会にやってきた。やがて若者だけでなく、農業の中心である一家の主《あるじ》たちも出稼ぎにでた。じいちゃん・ばあちゃん・かあちゃんの三ちゃん農業とか、かあちゃんだけの一ちゃん農業とかいう言葉が囁《ささや》かれていた。小原は村には「ずっと見はらすぐりぇの何十町歩ずゥ田に、誰ひとり見えながった」と書き、誰もいないと思った家の土間で老婆がひっそりとニンニクをほぐす作業をしており、「おがさんは」町に働きに行っているという。そして「オレばかり、ただ居で金作っている」と呟《つぶや》く。やがて冷害、そして減反が村をおそう。こうして「壊れていく」村のリズムと景色を、小原は怒りをこめて書き綴る。そして「男たちの〈ことば〉によって固められていたこの世に拒絶反応を示して青春期を送った」という友人の石川純子が「孕みを契機としてその内界を〈ことば〉にしようとすることは、いまの世の生活を組み替えてゆくこと」とした宣言を「しかと心に受け止め」る。その視線は、「金の虜《とりこ》になった（させられた）人々」の不幸、かつて「娘を売った不幸の根源」は、「出稼ぎ」だけでなく「農業そのものの破壊をも意味」すると喝破する。

本書のⅣでは、「新しい出発の場所」として、小原は『通信・おなご』という個人誌を創刊する。一九七六（昭和五一）年一〇月の創刊号が、ガリ版ずりのまま本書に収録されている。「この通信は、あなたにむけての、ささやかな便りです。おばらのれいこも生きているな、そう思って受け取って下さい」と編集後記に書いた。この通信には、周りの人々の聞き取りや昔話なども収録されており、小原の地域のみんなとの協同の姿勢が明確に打ち出されている。

そして通信の二号には、「開拓の花嫁」として「満州」に渡った折居ミツの話がある。高等小学校で毎日「満州」の話を聞かされ、いつのまにかあこがれの地になった「満州」に、一七歳で祝言を挙げたばかりの夫とともに渡る。「山脈の一つ見えない果てまで、花々が咲」くようなところでも「やっぱりなんていうかなァ……たいへんな所だなあ……ど思った」だけでなく、やがて「（朝鮮人の）慰安婦を引き連れて、戦場におもむく兵士たち」を目の当たりにし、「歓呼の声」で兵隊を見送っていた「銃後からは戦場が視えなかった」と悟る。そのミツが帰国後、原野を切り開く開拓の生活のなかで、詩を書きはじめる。

小原は、そんな村の「おなご」詩人たちを支えて、『通信』を出しつづける。やがて小原は「『次長職』売ります」という痛烈な対話文を書いて、農協を退職する。「『次長職返上』なんてことは労組の幹部の人たちにも分らないことなんだな」といい、女性の解放は男性同様に出世することではえられないと書いた。

本書のVで、小原は退職して引っ越した家が「麗《うら》ら舎《しゃ》」と名づけられて、地域の人々に開放されたたまり場となった。一九八四年一一月二日に「麗ら舎開きの集い」があったという。その麗ら舎で「読書会」がはじまり、「おなご正月」と「千三忌」も始まった。

「闘い取らねばならず！——たかが読書といっても」という対話文。そうです、「おなご」にとっては読書の時間は闘い取らなければならないものだったのです、私の実感からいっても！読書会で取り上げられる書物は、自分たちの『別冊・おなご』から、会員たちの著書、そしてフェミニズムの分野ではボーボワールから上野千鶴子まで、そして文学では金子みすゞや大江健三郎など多彩である。

「おなご正月」は、ふつう暮れから松の内にかけて忙しく立ち働いた女性たちがホッと一息ついて女同士くつろぐ日だが、ここでは「我ら善女、善男」が集まって、餅花を飾り、「松祈願」を行い、男性の給仕で小豆粥《あずきがゆ》をいただく、「伝統と再生、現代版『おなご正月』」なのだという。

「千三忌」とは、「『知らねえ人でも、戦死者の墓だと思えば、戦争を思い出すべなス』と一人息子千三の墓を路傍に建立した、セキさんの意思を受け継いで」の行事だという。セキさんは夫が亡くなったあとも再婚せず、一人息子の千三を育てた。その千三は出征しニューギニアで一九四四年に戦死した。セキさんは農業の手間取りで一人暮らしを支えながらようやく息子の墓を建てたのだった。この千三忌の合い言葉は「七度《しちど》の飢饉《けがつ》にあうたってなぁ、一度《えづど》の戦争《いくさ》にあうなってよう」であり、それは一九四七年に七二歳で亡くなった「ハギばあさま」の言葉だという。

小原の眼は、第二次世界大戦後数十年たって、憲法第九条のもとでもますますかわらず防衛力を増大させていく日本と、戦火の絶えないこの世界の状況とにも向けられる。

最後のⅥでは、小原が公民館講座で、詩を読み、書き、文を綴る講座を始める。農村女性は忙しい、田を作り、畑仕事をやり、ご飯も炊いて、掃除洗濯もする、そして子育て……。だが、「詩も作り、田も作る」ことは不可能だろうか、と小原は考える。そして人の寿命が延び、家事は電化され、野良仕事は機械化されたいまこそ、「詩も作り、田も作る」時代が来たのだと。そしてたくさんの女性たちが「自分の生を編む」作業を始める。本書の最後にはその女性たち一三人の詩と略年譜が列記されている。

小原は「あとがき」で「わたしはいまだ、文集を作っています。二十一歳からこの年まで五十五年間、これしかやれないのかと思ってしまいます。この文集作りが、『生活記録』だとはしりませんでした」と書いている。

半世紀以上にわたって「家」と「女性」、そして「戦争」と「平和」にこだわって書きつづけた女性、小原麗子に私は共感を覚える。それは同世代・同性ゆえというばかりではないと思うが、私もまた同じような生を歩んだ（細部ではもちろん異なるが）との感慨がある。そのため、これは「書評」ではなく、「個人的感想」になってしまったことを記しておきたい。

なお、本年五月一二日、岩手大学で「エンパワーメントとジェンダー史の関係性――地域女性の自主学習運動を通して」というテーマの「ジェンダー史学会春のシンポジウム」が行われ、その報告の一つに柳原恵の「麗ら舎の〈おなご〉たち――岩手県北上市における軌跡を拓く」があった。私はもちろん参加し、その翌日、小原麗子ご本人にもお会いする予定だったが、体調を崩して参加できなかった。機会を逸してまことに残念であった。

（二〇一二）

カワラナデシコ

4　地域女性史とオーラル・ヒストリー

（1）　地域女性史とオーラル・ヒストリーの現状

本日は、女性史一般ではなく、地域女性史と限定して報告させていただきます。「地域女性史って何？」とお考えになる方も多いのではないかと思います。昨年「第一一回全国女性史研究交流のつどい in 東京」（二〇一〇年九月四〜五日）が、代々木の国立オリンピック記念青少年総合センターで開催されました。全国――沖縄から北海道まで約五〇〇人が集まり、熱気あふれる大会となりました。この「つどい」でも、はじめは「地域女性史」という名称は使われていませんで、「地方女性史」ともいっておりましたが、回を重ねるなかで、「地域女性史」というネーミングが定着してきました。

一九八六（昭和六一）年の愛媛の「つどい」で、「ここに生き、ここを変える」女性史という提起があり、「中央―地方」というある種の上下関係ではなく、自分たちの住んでいる「ここ（地域）」に視点を定めた女性史をという主張があり、「地域女性史」という名称が一般的に使用されるようになりました。一九八九年に東京の足立区で「地域女性史交流研究会」が行われました。東京で最初の地域女性史が編纂されたのが足立区で、この出版を記念して開かれたものですが、これは「つどい」にはカウントされません。一九九八年神奈川の江の島で行われた第七回の「つどい」で、初めて「地域女性史」の分科会が設けられました。

今年の「つどい」では一一分科会のうち、「聞き書き・通史」「資料保存・公開・活用」「オーラル・ヒストリー」の三つが「地域女性史」の分科会として設定されました。初めて「オーラル・ヒストリー」が独立した分科会になったわけですが、ここではＪＯＨＡ（日本オーラル・ヒストリー学会）から酒井順子さんに「イギリスに渡った日本人女性のライフストーリー」としてご報告いただき、清水透さんには助言者としてご出席いただきました。

各地での地域女性史の編纂状況

一九八〇〜九〇年代、各地で地域女性史の編纂が活発に行われました。

一九七五（昭和五〇）年が「国際女性年」として設定され、各地の自治体で女性政策を策定することになり、その一環として「地域女性史の編纂」という一項目が盛りこまれ、自治体が主唱して編纂が行われることになりました。これはちょっと言葉は悪いのですが一種の流行現象になり、隣りの自治体がやるからうちもやる的なときもありました。その編纂はおおむね公募の市民女性と一〜二名の研究者により行われましたが、対象年代は近代・現代が中心で通史的記述もあります。しかし女性に関する資料は比較的に乏しく、とくに生活にかかわるものは聞き書きに頼ることになり、一地域およそ三〇人から一〇〇人くらいの聞き取りが行われています。テーマをしぼって聞いている場合もありますが、おおむね生まれてから現在までのライフヒストリー的な聞き方をしており、通史のなかに資料としてその一部を取り入れることもあり、またそれを「聞き書き集」としてまとめて出版する場合も多く見られます。

そこで取り上げる女性たちは、なかには著名な女性もいますがほとんどは無名の女性たちで(有名無名をとわず同じ扱い方をする)、従来の歴史にはまったく登場もしないごく普通の女性たちの日常が語られています。しかしそのなかにまぎれもない歴史の真実が見え隠れするのです。その意味では、この地域女性史の聞き書きは、御厨貴《みくりやたかし》氏の「公人の、専門家による、万人のための口述記録」という定義の対極にある「市民(女性)の、市民(女性)による、市民のための口述記録」ではないかと思っています。

ではこういった女性たちの聞き書きは、日本全国でどのくらいあるのでしょうか。これはまったくの私の概算ですが、約一万人くらいではないかと推測しています。一九九八(平成一〇)年の神奈川の「つどい」のとき、地域女性史がどのくらい出版されているか調査し、

「資料集」としてまとめまして、それ以後二〇〇一年に『地域女性史入門』、二〇〇三年に『地域女性史文献目録』、二〇〇五年に『増補改訂版　地域女性史文献目録』、そして今回の「つどい」にその「補遺」を出しました。これをざっと見ましても、かなりたくさんの聞き書きが全国で行われていることがわかります。

しかし問題はその資料がいまどうなっているかです。自治体が行った編纂でも、編纂事業が終了すればそのプロジェクトは当然解散となり、資料の保存にまでは責任をもちません。編纂は主として「女性政策課」といわれるような部署が行いますが、資料の保存ということには関心を示しません。私のいままでの経験でも、「これは大切な資料ですから必ず保存してください」と言いおいても、担当が代われば「こんな旧い書類は不要」と廃棄されてしまいますね。同じ自治体内の資料館や公文書館などでは、女性の聞き書き資料などは資料としてほとんど認めてくれませんので、引き取ってくれるケースは稀です。また個人で、あるいは自主的な研究会での聞き書きも、当事者が高齢化して「これをどうしようか」が、いま大問題となっています。今回の「つどい」でも先ほど述べましたように「資料保存」のための分科会が設けられました。第七回の「つどい」以来、毎回資料保存のアピールを出しまして、国立女性教育会館（ヌエック）にようやくアーカイブが設置（二〇〇八年六月）されましたが、ここは全国規模のもののみということで、地域資料は対象外となっています。

大学などの研究機関に所属している場合は、資料の保存に苦慮することはないでしょうが、民間の研究者は資金の面はもちろん、場所的にも、また個人が高齢化した場合など考えても資料保存には無理がありすぎます。日本はアーカイブに関しては大変遅れていると聞いておりますが、以上のようなことから私もそれを痛感しております。

（2）聞き書きとオーラル・ヒストリー

いままで私は「聞き書き」ということで話を進めてきましたが、「聞き書き」と「オーラル・ヒストリー」とは同じでしょうか、どう違うのでしょうか。そんなことをいうと、いまさらと笑われるかもしれません。しかし私は女性史（地域女性史も含めて）の研究をするうえで、ずっと「聞き書き」を用いてきました。もちろん「オーラル・ヒストリー」という言葉は知っていましたが、それが自分の問題となったのは、酒井順子さんがイギリスから帰国されて、総合女性史研究会でオーラル・ヒストリーについて報告なさったときからです。「オーラル・ヒストリーとは何か」を追究したくて、酒井さんや吉田かよ子さんなどとご一緒に、このJOHAを立ち上げるメンバーに加えていただきました。

中村政則氏の「いま、なぜオーラル・ヒストリーか——現代史の方法」（『日本歴史学協会年

報』第二五号）によると、
聞き取り——話し手の体験・記憶などを聞き取る……話し手と聞き手との協同作業
聞き書き——聞き取った話を整理し文章化する……聞き書き集など
オーラル・ヒストリー——聞き取り、聞き書きをベースにした歴史叙述を行う作業
となっています。

これは歴史研究者である中村氏の定義で、ほかの分野の場合はまた違うかもしれませんが。この整理に従うと、地域女性史は聞き取り、聞き書きについては膨大な蓄積がありますが、これを用いたオーラル・ヒストリー、本格的な歴史叙述は少ないことになります。もちろん地域女性史でも通史を書いているところでは、この聞き書きを活用している場合もあります。しかし聞き書きをベースにした個別研究はまだ少ないと思われます。

もちろん聞き書きは一人の女性のライフヒストリーとして完結した作品になっていることも多く、地域のなかでたくさんの人たちに読まれています。沈黙を強いられたというより、語ることを知らなかった「隣りのオバアサンの昔語り」は、次世代の子どもたちにも興味をもたれ、学校の副読本として活用されているところ、また紙芝居やフォトムービーなどになっている場合もあります。自治体史は、自治体が専門家に依頼し、かなりの年月をかけて、豊富な資金で立派な書籍として編纂されますが、当の市民たちに読まれているとはいえないのではないで

しょうか。自治体の政治史であって、生きた市民があまり登場しない、地域住民とは関係ない歴史となっている場合が多いのです。

普通の女性に「お話を聞かせてください」と依頼すると、ほとんどの方が「私の話なんか…。特別なことは何もないのに……」といいます。しかし実際に聞き取りをしますと、実に豊かな内容の話をしてくれるのです。生活史、労働史、家族史、市民運動史、戦争体験など、歴史叙述のための豊富な素材を提供してくれます。とくに戦後の市民運動では、草の根的に運動を担ったのは女性たちで、彼女たちの体験は実に貴重で、いまそれを聞いておかないと消えてしまうのではないかと恐れています。

一方で、地域女性史における聞き書きの中心的な担い手が市民女性であることの弱点もあります。聞き書きは簡単だからと安易に取り組むこともありますが、経験するなかで実は奥が深いものであり、大変だと実感するようです。しかし専門的分析能力は一定の知識や積み重ねが必要で、やはり不十分だといわざるをえません。中村氏のいう「オーラル・ヒストリー――聞き取り、聞き書きをベースにした歴史叙述」は、地域女性史では今後の課題といえます。

（3）　地域女性史におけるオーラル・ヒストリーの可能性

ポール・トンプソン氏の「オーラル・ヒストリーの可能性を開くために」（『歴史評論』六四五号）によると、「女性史がオーラル・ヒストリーにおいてなぜ重要か」について、次の三点を述べています。

1　これまで聞かれなかった声を聞く

2　公的領域に含まれない隠れた領域、つまり家族生活――夫婦、両親、子どもなどの分野を扱うことができる。オーラル・ヒストリーの方法論の発展に寄与できる

3　オーラル・ヒストリーの技能、つまり言葉を聞く・話すといったことは女性のほうが得意な分野である

これらのことも勘案して、地域女性史におけるオーラル・ヒストリーの可能性を以下のように考えることができると思います。

①公的領域に含まれない隠れた領域を明らかにする

家族とか生活といった、人間が生きていくうえでの基本的な分野を扱うことができる。出産

とか子育ては民俗学では研究されていましたが、従来の歴史学ではほとんど取り上げられてこなかった分野です。最近では介護とかDVなども視野に入ってきています。「つどい」でもDVの問題が歴史的に取り上げられました。三世代、四世代の家族の物語も重要な領域です。昨年『オーラル・ヒストリー　橋浦家の女性たち』（折井美耶子・宮崎黎子・生方孝子編著　ドメス出版、二〇一〇年）という本を出しました。橋浦泰雄、橋浦時雄、橋浦はるの兄妹は有名ですが、この人々のルーツや家族関係を明らかにすることで、彼らの行動の源をも知ることができるのではないかと考えてのささやかな実践です。

②地域起こしにつながる可能性

コミュニティの再生へ

「日本の地域女性史は、コミュニティと歴史を結びつける良い研究をしている」と来日したトンプソン氏が評価してくれたことがあります。

新しい住民主体の地域づくりへ、運動を継承していく原動力としての力になります。

二〇一一（平成二三）年八月三一日、東京地裁で「小田急線騒音被害訴訟」が住民勝訴となりました。これは一九六〇年代からの「小田急沿線私鉄運賃値上げ反対実行委員会」などの長い住民運動の歴史があり、この運動の継承が従来の地域ではない、新しいコミュニティの基礎となっています。

③**新しい自治体史へ**

旧来の自治体史は、女性の、住民の、生活の不在な歴史でした。これからは、市民のための自治体史へ転換しなくてはなりません。そのためには、女性の視点を取り入れ、地域女性史の成果を活用しなくてはなりません。今回の「つどい」でもアピールの最後に「自治体史を編纂する自治体は、男女平等社会実現のために女性史の視点を必ず入れ、資料収集・記述に努めるとともに、その資料も同様に保存・公開すること」という一項目を入れています。

（4）　オーラル・ヒストリーとアーカイブ

先に述べましたように、資料保存の問題は地域女性史にとって焦眉《しょうび》の急を要する課題です。個人でも研究会でも、公的機関に所属していない場合、その資料はほとんど個人の家に保管されています。文書資料の場合はまだしも、音声資料はほとんど録音テープのため、年月を経て劣化しているのではないかと懸念されます。

二〇〇九（平成二一）年六月に成立した公文書管理法が二〇一一年四月施行されました。女性史関連の資料が各地の公文書館などで受け入れられて、保存・利用の道が開けることを切望しています。国立女性教育会館では、全国規模の資料のみ収集とされていますが、館の性格上、全国のしかるべき機関とネットワークを結ぶ予定と聞いております。各地の公文書館・資料館に収集・保存された地域女性史資料が、ネットで一覧できて研究者が利用できるようになればと願っています。

（二〇一一・九）

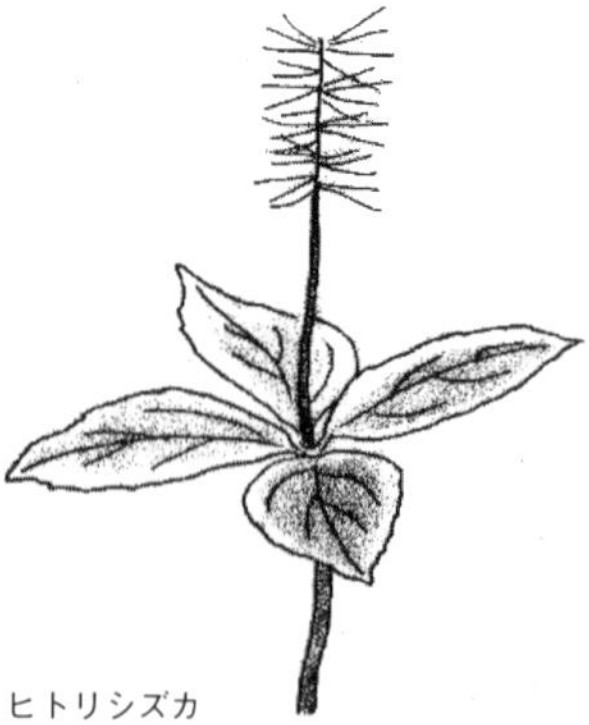

ヒトリシズカ

5　女性史とオーラル・ヒストリー

はじめに

私は女性史とオーラル・ヒストリーということで、話をさせていただきます。女性史は歴史学の分野に入りますが、歴史学のなかでも疎外されている感じがありますので、こういう学際的な場で報告させていただくのを大変うれしく思います。私の紹介には、地域女性史と書いてあります。地域女性史が中心になりますが、女性史全体も視野に入れて報告させていただきます。

ポール・トンプソン氏の『記憶から歴史へ』という著書のなかに、女性史について言葉をさいているところがあります。女性史のなかでオーラル・ヒストリーを用いることは、「先祖の女性たちの沈黙を破ることであり、女性の尊厳を再主張することだ」ということが書いてありまして、共感いたしました。女性たちは、歴史のなかでずっと排除されつづけてきたわけですから、そういう女性たちの声を聞くのは、まさに今日のテーマの「消えゆく声を聞く」とか「見えないものを見る」ということの重要な部分ではないでしょうか。

1 女性史研究と聞き書き

最初に、簡単に女性史研究と聞き書きについて振り返ってみます。日本の女性史研究は戦前もありましたが、確かな流れになっていくのは第二次世界大戦後のことです。一九五〇年代に歴史学研究のなかで、いわゆる国民的歴史学運動という動きがありまして、民衆のなかに入っていって民衆とともに歴史を作るということが唱えられたことがありました。ちょうどそのころ私は学生でしたから、私の歴史研究の原点にはそのような考え方があるかと思います。

その運動のなかで、女性に関しては「母の歴史」を書こうという動きがありました。その「母の歴史」について、井手文子さんが「母の歴史は、あらゆる矛盾の結節点にいるような民衆女性の姿、それを描くことが大事だ」ということを書いています。鶴見和子さんもかなり積極的にかかわっておられて、『母の歴史』（木下順二、鶴見和子編、河出書房）という本が出版されています。これはまさに見えないものを見えるようにする歴史の一つだったのではないかと思います。この運動は長くはつづかなかったのですが、こういうことが女性史の底流にあったのではないでしょうか。

そして一九六〇年代の後半から七〇年代にかけて、「民衆史」といわれる歴史が盛んに書かれた時期に、女性史の分野では、当時「底辺女性史」といわれましたが、山本茂美さんの製糸女工を描いた『あゝ野麦峠』や森崎和江さんの『まっくら』、これは炭坑で働いた女性たちです、それから山崎朋子さんの海外に出稼ぎに行った娼婦の『サンダカン八番娼館』、そして村上信彦さんの『明治女性史』、全四巻で大部のものですが、これも民衆女性を中心にすえて、かなり聞き書きの手法を使っています。こういう本がつづいて出されました。

一方で、戦前からの女性解放運動をしてきた女性たちの聞き書きをすることもかなり行われまして、山代巴さん、牧瀬菊枝さん、隅谷茂子さんたちが中心になっていらしたわけですが、『丹野セツ』とか『聞書 ひたむきの女たち』などが出ました。ちょっと後になりますが、渡辺悦次さんと鈴木裕子さんが共同で『運動にかけた女たち』や『たたかいに生きて』といった本を出されています。それ以外には、戦争体験記は一九五〇年代から始まりまして、この時期女性たちが語ったのは主として被害体験だったわけですけれど、手記も含めますと無数といっていいほど書かれています。

それから一九七〇代の後半ころから、これは一九七五(昭和五〇)年の国際女性年という女性の地位向上をめざす国際的な動きのなかで、地域女性史が活発化していくわけです。各地にかなり自主的な地域女性史研究会ができてくるわけです。聞き書きというかたちで、自分たちのお母さんとかお祖母さんの話を、それは特別な人ではなくごくあたりまえの女性たちの話を書き残しておこうということで、いろんな地域で本が出されます。たとえば北海道女性史研究会はかなり古いのですが、開拓にかかわった女性たちやアイヌの女性たちの聞き書きをしているわけです。『小作争議のなかの女たち』という蜂須賀《はちすか》農場争議のことを聞き書きした本はかなり早い時期のものです。新潟県には、新潟市女性史クラブがありまして、『竈《かまど》のうた』というまさに竈の前にいたお母さんたちの話を聞き書きしている本が出されています。

そのあと、地方自治体のなかで女性政策の一環として地域の女性史を編纂することが位置づけられるようになりまして、地方自治体の主催による女性史編纂が活発に行われるようになります。その最初で画期的な内容だったのが、神奈川県の『夜明けの航跡』で、これは一九八七年に出ています。ここでは約八〇人の女性たちから聞き書きをしています。以来各地で地域女性史の編纂が行われておりまして、そのなかで聞き書きは重要な位置を占めております。ただし、二一世紀に入ってからいわゆる女性問題に対するバックラッシュといわれる流れが始まりまして、かつては活発であった地方自治体の女性史編纂事業が影をひそめだしている状態にあります。

しかし、自主的な地域女性史研究グループはまだ健在で、これからも引きつづいて研究をしていこう、聞き書きもしていこうという意気ごみにあるわけで、今年（二〇〇三年）九月に「第九回全国女性史研究交流のつどい」が新潟で行われる予定になっております。全国から手弁当で集まった女性たちが、聞き書きも含めて学習や研究の交流をいたします。今年の新潟では、オーラル・ヒストリーが一つのワークショップになっています。

2　聞き書きそしてオーラル・ヒストリーと私

ところでこういう流れのなかで、私自身はどうかということですが、私の聞き書き体験の最初は『歴史評論』での連載で、戦前からの女性運動家たちへのインタビューに記録係として参加したことでした。戦前からのかなり著名な、山川菊栄、市川房枝、丸岡秀子、帯刀貞代などですが、私にとっても面白い仕事でした。その後、私個人の研究である富本一枝の評伝にかかわって神近市子、堺真柄そのほか有名無名のたくさんの方々から話を聞きました。ほとんどの方がすでに亡くなられてしまったわけで、いまはもう二度と聞けない、そういう声を残しておけてよかったと思っております。

市川房枝さんは当時現役の国会議員でしたから非常にお忙しくて、秘書の方から二時間ですよと厳命されていたのですが、ご本人が興にのって四時間以上もつづけてお話しくださったというような体験もございました。これがきっかけで、帯刀さんは自伝をまとめてくださいましたし、市川さんは戦前編の自伝はすでにお出しになっていらしたのですが、戦後の婦人参政権が実現するときの裏話などもお話しくださって、非常に印象的でした。

その次に私は地域女性史の編纂にかかわってきたわけです。これは普通の歴史研究とはかなり違う体験でした。私がかかわったところで正式に出版されたのは、川崎市、東京の新宿区、世田谷区、江東区の四カ所です（その後北九州市）。それ以外に冊子のような形でまとめられたのは、調布とか三鷹などですが、それぞれ一〇〇人くらいの規模の聞き取りをしています。

トンプソン氏の本のなかに「人々は歴史を書くことができる」というフレーズがありますが、この地域女性史の編纂も専門家だけがやるのではなくて、公募の市民委員が参加するわけです。専門家も市民も一緒になって聞き書きを集めたり資料を集めたり、そして時にはその聞き書きや資料をもとに通史を書いていくことを市民がやる場合もあります。ただ通史を書く場合は一定の訓練が必要ですから、ある程度の時間的なゆとりがないとできませんが、新宿などではそれをいたしました。聞き書きについては、このトンプソン氏の本がもっと前に出ていればよかったと思いました。実際に聞き書きをするのにその手引きになるような本もなく、自己流で模索しながらやってきたわけですが、この本を読んで、ああまり違っていなかったという思いが、いましています。

地域女性史の編纂には、文字資料が少ないわけです。その地域の公文書館とか歴史資料館、歴史博物館などに資料を調べに行くんですが、だいたい「女性に関する資料なんてほとんどないよ」っていわれるんです。基本的に文字資料は少ないし、ごく普通に生きてきた人たちの普通の暮らしなどは記録されてこなかったわけですから、当然聞き書きを使うことになってきます。対象はその地域に住んでいるきわめて普通の女性たちというのが大部分です。日常生活、誕生してから亡くなるまでの日々、どんな子ども時代を過ごしたか、どんな教育を受けて仕事は何をしていたか、どのように結婚し子どもを産み子育てをしたか、それからもちろん戦争体験も当然入ってくるわけですね。

仕事、労働は非常に幅が広いのですが、たとえば農業ですと地域によって稲作もありますし、畑作もありますし、それから養蚕ですね。三多摩地域は養蚕が盛んでしたが、いまはほとんどなくなっていますから、この聞き書きは面白いし貴重だと思います。お蚕さん、お蚕様っていわれるくらい大事な収入源ですから、お蚕さんが座敷中を占めて家族はみんな隅っこで小さく丸くなって寝ていたなんてことは、いまではもうほとんどわからないのではないでしょうか。

それからお産婆さんの話は、どこで聞いても誰に聞いても感動的です。それはやはりいのちと真正面から向き合っている、そういう仕事だったからではないかと思います。いまでは私たちの住んでいる地域にお産婆さんという仕事をやっていらっしゃる方はいなくなってしまったんですね。高度経済成長のなかで一九六〇年代になると、出産が自宅から病院出産に切り替わっていくのです。そのころから地域のなかで信頼されていたお産婆さんが、私たちのまわりから見えなくなっちゃうんです。もっともいまはまた家族と協力しての出産とか自宅出産を選択する人も少しずつ出てきましたけれど。

そういう特別な肩書きのない普通の方にお話を聞かせてくださいというと、「私なんて普通に暮らしていたんだから、何にも話をするようなことはないですよと」いわれるんです。でもそのお話を聞いているなかで、その人の人生が歴史の大切な一コマだっていうことが、とてもよく見えてくるわけです。で、本人も改めて自分の人生を「ああそうだったのか」と再確認するというようなことがあるわけです。聞き書きは、語り手と聞き手との共同作業だということを痛感しております。そしてそういう作業のなかから、お互いが自分たちも歴史の担い手であるという共通認識をもつことができるようになっていくんですね。最初は「ちょっと面白そう」と参加してきた市民委員も、こういう歴史認識をもつ聞き手や書き手になっていくというのは、とても素晴らしいことであり、市民参加の地域女性史編纂は一種の社会教育、成人教育だとも私は思っています。

話を聞いて初めてわかるということもあります。たとえば世田谷の聞き書き集『里から町へ一〇〇人が語るせたがや女性史』のなかに、長男、つまり家の跡取りと結婚した女性の話がありますが、結婚式のあと隣近所にお嫁さんをご披露してまわるわけですね。そのご披露のとき「今度うちで留守居をもらいましたのでよろしく」って紹介するんだそうです。その話を聞いたとき私たちはとてもびっくりして「なんで女は留守番なのよ」なんて憤慨したんです。ところがよく聞いてみると、こういって紹介してもらえるのは長男の嫁だけだったんですね。次男の嫁は必ずしも舅・姑と一緒に住まないということもありますけれども、そういう紹介はしてもらえない。なんだ留守番か、ではなくて、留守を預けることのできる人っていう紹介なんです。つまり次にこの家の主婦になる人だという重みがある言葉だと、次男の嫁になった人からいわれました。こういうことはただ書いたものなどではわからないですね。この世田谷の本は評判が良くて、NHKの海外向けのラジオでも放送されましたが、とくに南米地域からすごく反響がありました。世田谷はいまでは住宅地になっていますが、かつては農村地帯で、農村から関東大震災をきっかけに住宅地に変わる地域です。それで近郊農村の普通の暮らしが色濃く出ているものですから、とても懐かしいという面白い反響をいただきました。

それから、聞き書きをやっているなかで、それを文字化して、表現していくときに、私は「聞き書き言葉」という、これは私の造語ですが、そんな新しい表現が必要ではないかと思っているのです。話し言葉でもない、書き言葉でもない、話されたことをまったくその通りに書いたら読んでもわからないので、そこに読んでわかる「聞き書き言葉」という表現をつくりだすことが大事なのではないかと思います。トンプソン氏の本のなかにも「新たな書き言葉」という表現がありましたので、同じようなことなのかと思ったわけです。

地域女性史をやっておりまして、普通の暮らしを記録することも大切ですが、もうひとつ忘れてはならない大きなテーマは、売買春に関する問題です。自治体史のなかでは遊廓の存在はほとんど触れられていないんです。ですから女性史ではきちんと扱わなくてはいけないのですが、これは当事者からなかなか聞き書きの証言が得られないのです。業者だった方、周辺でいろいろな商売に携わっていた方たちからはなんとか話が聞けるんですが、当事者からはとても難しい。しかしぜひ聞いて書き残しておかなければならないことだと私は思っています。

私はいままで「聞き書き」という言葉で私の体験などをお話ししてきました。オーラル・ヒストリーという言葉は知っておりましたが、それが自分のなかではなかなか定着していなかったわけです。一九八七（昭和六二）年に『歴史学研究』がオーラル・ヒストリーの特集をやったことがありますし、のちに本多勝一さん、澤地久枝さんの業績が本になっています。でもその後順調に歴史学研究のなかでオーラル・ヒストリーが位置づけられてきたかというと、なかなかそうではなかったのではないかと思います。

その後、「従軍慰安婦」の問題がクローズアップされてきたときに、その証言の信憑性《しんぴょうせい》ということがでてきます。「慰安婦」の存在はかつての兵士たちの間では公然と語られてきたのですが、公式記録がないからそれはなかった、あるいは政府・軍とは関係なかったとされてきたわけです。しかしその問題が金学順《キム・ハクスン》さんが名乗り出たことで、いわゆる見えないものとされてきたものが見えるものにされたわけですね。声を奪われていた金さんが、なぜ名乗りをあげたのか。家族に迷惑をかけるので沈黙しつづけてきた金さんが、もう家族もみんな亡くなってしまったし、いま自分が話をしとかなければそれは消えてしまうと、奪われていた声を取りもどして、発言したということですね。それでようやく見えるものになってきたのですけれど、依然としてその証言の信憑性が云々されたのです。しかしその後、この発言をきっかけに他の方の証言もでる、またそれを裏づける資料も発掘されたということがありました。

こうして歴史学研究のなかでも、オーラル・ヒストリーが一定の地歩を占めてきているのですが、私自身としては、酒井順子さんが私たちの総合女性史研究会の例会でイギリスのオーラル・ヒストリーについて報告してくださったことがありまして、そのとき初めて自分のなかでオーラル・ヒストリーという言葉が定着したような気がします。定着したというのも変ですが、自分がずっとやってきた聞き書きも含めて、納得したというわけです。

そしてアーカイブの問題、地域女性史全体の資料保存もそうですが、とくに聞き書きの資料、テープの保存の問題などが切実な課題となっておりましたので、ぜひその状況を知りたいとイギリスに行きました。大英図書館、帝国戦争博物館、トンプソン氏のいらっしゃるエセックス大学も訪問させていただきました。

3　現在の課題

現在の課題としては、オーラル・ヒストリー、聞き書きも含めて女性史や地域女性史をやってきたことで、従来の歴史学に転換を迫ることができたか、ということです。かつて上野千鶴子さんに「女性史は〝つけた史〟であって、まだ〝書きなお史〟になっていない」と批判されたことがあります。確かにまだ歴史学の分野で女性史の地位は低いですし、無視されることも多いのです。まして聞き書きなどはあてにならない、つまらない証言のように取り扱われることが多いのです。しかし私たち自身も素朴な聞き書きからさらにその方法論を鍛えていく必要があるのではと思っています。そんなこともありまして、二〇〇三（平成一五）年の一月、オーラル・ヒストリー総合研究会というグループを仲間たちと発足させました。

次の課題は、資料保存の問題です。一九九八年神奈川県江の島にあります女性センターで開かれた「第七回女性史研究交流のつどい」の地域女性史分科会で提案し、全体会で「女性史資料の保存・公開についてのアピール」が承認されました。これは全国の自治体に送付いたしましたが、ほとんど反応がないんです。全国にたくさんある地域女性史研究会が集めた資料、また自治体編纂の女性史に関する資料、わけても聞き書きのテープは非常にたくさんあるのではと思いますが、リストもありませんし数もつかめておりません。私と二〜三人の仲間で、いま全国の地域女性史の文献リストを調査しておりまして、それがだいたい数百冊くらいあるんです。その半分くらいに聞き書きが使われているとして、まことに大雑把な計算ですが一万人ぐらいの聞き書きがあるんじゃないか、あくまでも推測ですが。これらがどういう状況にあるのかほとんどわかりませんし、散逸してしまっているのではと、私は危機感をもっています。

トンプソン氏もいわれたように、資料は一回使ってそれで終わりということはなくて、本人にとっても再研究が必要であって、また公開することによって他の人がその資料を使うこともできるわけです。だから保存し公開することが大事なんです。自治体で地域女性史を編纂したら、そこの女性センターなどに、大事な資料ですから保存してくださいとリストを作っておいてくることが多いのですが、そのときの担当の方は資料の重要性を認識していますから、はいお預かりします、というんですが、行政では二〜三年で担当者が替わりますので、次にきた方は「これは何？　汚いわね、早く片づけましょう」ということで廃棄してしまうことがあるのです。現に私がやりました川崎市の場合、中小企業婦人会館というところを拠点として編纂事業をいたしましたが、終わったあと、そのなかにある女性関係の資料室に保存をお願いしました。その後神奈川県の女性センターで神奈川県関係を全部まとめて保存してもいいということで、調べましたら「ああ、あれはもう捨てちゃいました」と、いとも簡単に片づけられて、私たちは非常に驚いてしまったのです。で、そのアーカイブというか、資料保存の問題が大きな課題ではないかと思っています。

さいごにコピーライト（著作権・版権）の問題です。いままでかなりいいかげんに取り扱ってきましたので、あちこちの事例も学んで、これからはきちんとしていかなくてはと思っております。

おわりに

最後に、女性史でオーラル・ヒストリーをすることは、まさに消えてゆく声を聞いて、見えないものを見えるようにするというところに真骨頂があると思いますけれど、それによって、歴史学そのものを変えていく段階にはまだ届いていない、私たちの力が足りないと思っています。こうした地道な聞き書きや研究が積み重なって、いずれ従来の歴史を変えていくことができるのではないか、というところに望みをつないでやっております。

（二〇〇三）

〈コラム〉「小さな人々」が語る歴史
――『戦争は女の顔をしていない』を読む

この本は、『チェルノブイリの祈り』で二〇一五年度のノーベル文学賞を受賞したスヴェトラーナ・アレクシエーヴィチのデビュー作で、第二次世界大戦中、独ソ戦に従軍した一〇〇万人を超えるといわれるソ連の女性兵士たちの聞き書きである（三浦みどり訳　岩波書店、岩波現代文庫　二〇一六年）。

第二次世界大戦ではイギリスやアメリカでも女性が従軍しているが、ソ連は数量的にももっとも多く、しかも狙撃兵、飛行士、斥候、高射砲手など男性と同じ任務についていた。基本的には一八歳以上の志願兵だが、一七歳はおろか一六歳の少女も「祖国を守る」熱意に燃えて志願し、だぶだぶの男物の軍服を支給されて前線に送られる。そこは勇敢な戦士が活躍する華やかな戦場ではなく、爆弾や機銃掃射による敵味方の区別もつかない死体の山、硝煙と生臭い血の匂いの充満するところ。時には男性より

コラム

も勇敢に戦った女性兵士だが、彼女たちが行軍した砂地には、点々と赤いしみが……。脱脂綿や包帯は負傷者の分さえも足りなかった。

一九四五（昭和二〇）年五月ドイツは降伏する。勝利を勝ち取った兵士たちは故郷に帰ってくる。しかし女性兵士を待っていたのは「男ばかりの戦場で何をしてきたのやら」という声。男性たちはさまざまな勲章を誇らしげに胸に飾ったが、女性たちは簞笥の底深くしまい、体調を崩してしまった女性も多く、薬では治らない。

スヴェトラーナは、「小さな人びと」と呼ぶ庶民たちの声を聴き文字化する。戦争については「すべて『男の言葉』で語られている」が、「女たちのものがたり」を書きたいという。戦後生まれの彼女だが「子どもだったわたしたちは戦争のない世界を知らなかった」。それは「村には女しかいなかった」からで「戦争の話をするのは（泣いている）女たち」と記す。ドイツの直接の侵攻を受けたソ連（当時）の西北地域では、村々は焼き払われて住民の四分の一を失ったといわれている。戦争の残虐な実態は、大きな歴史には登場しない。「一人の人間によって語られるできごとはその人の運命ですが、大勢の人によって語られることはすでに歴史です」という彼女の言葉は、従来の歴史に大きな修正を迫っている。

戦争中まさに子どもで「戦争のない世界を知らなかった」私は、一九四一年小学校が国民学校に改組された年に一年生になった。お国のために「欲しがりません、勝つまでは」は日常だった。二年生の四月、東京初空襲を体験、低空を悠々と飛んでいくアメリカの飛行機を見た。三年生には静岡に縁故疎開、そこでは敵機による機銃掃射や遠州灘からの艦砲射撃も体験した。機銃掃射の恐ろしさはいまもって忘れられない。学校の体育の時間には竹槍訓練も行った。「敵前上陸」に備えてか、学校の一部には兵隊たちが駐屯していた。しかしもっとも印象に残っているのは、「鬼畜米英」と叫んでいた先生方が、敗戦後の九月に登校したとき、口をつぐんで、のちすぐ「民主主義」を唱えだしたことだった。

戦争は「小さな人びと」の声もいのちも容赦なく抹殺する。「戦争の足音」が身近に聞こえるような日々になった昨今だが、「戦争のない世界」を子や孫たちに残すことが唯一の遺産ではないかと私はいま思っている。

（二〇一六・八）

第四章

地域女性史における史資料の保存問題

バイカウツギ

1　地域女性史史資料の保存と管理・公開
――国立女性教育会館アーカイブ問題を含めて

はじめに

私は史料保存利用問題についての専門家ではなく、このシンポジウムで報告する適任者とは思えないのですが、女性史、とくに地域女性史に長年かかわって、その史資料保存の問題に苦慮し、必要に迫られてこの問題にかかわってきました。そのような立場から、地域女性史史資料保存の現状について報告させていただきます。

先日（二〇〇八年六月一二日）、国立女性教育会館（以下、ヌエック）のアーカイブセンターがオープンいたしました。希望の一端が実現したようで喜ばしいのですが、これで地域女性史史資料の問題が片づいたわけではありません。問題はこれからだと思っております。

（1）女性史史資料の保存問題についての経過

女性史史資料の保存について最初に声をあげたのは、一九九八（平成一〇）年九月六日の「第七回全国女性史研究交流のつどい」（神奈川県立女性センター・江の島）においてでした。地域女性史の分科会を準備するなかで、地域女性史の出版状況を調査したのですが、その時点で数百点におよぶ地域女性史が刊行されていることが判明し、そのなかには貴重な史資料、なかでも数多くの聞き書きが含まれていることがわかりました。ところがその原史資料や聞き書きのテープなどが散逸もしくは廃棄されているという実情があり、何とかこれを保存できないものかと、「女性史資料の保存・公開についてのアピール[1]」を起草し、全体会で決議し、関係各機関に送付しました。

その後第八回の「つどい」（岐阜、二〇〇一年）、第九回の「つどい」（新潟、二〇〇三年）でも同様のアピールを出し、第一〇回の「つどい」（奈良、二〇〇五年）では、アピールと同時にヌエックに「女性アーカイブセンター」設立の要望書を提出しました。「全国女性史研究交流のつどい」は、一九七七（昭和五二）年に第一回を名古屋で開催して以来、自主的自発的な「つどい」として各地で開催されてきました[2]。また、東京を中心に関東地域の地域女性史研究会（約二〇グループ）の連絡会として、「女性史研究東京連絡会」がありますが、この第八回の集会（二〇〇七年五月）では、「女性史資料の保存と公開についての要望」を署名も添えてヌエックに提出し、七月には代表が神田道子理事長に面接し直接要望しました。このときには、アーカイブセンター設立に向けて準備中という説明を受けました。

（2）ヌエックアーカイブセンターについて

① 調査研究

ヌエックでは、アーカイブセンターを構築することを目的としてプロジェクトを立ち上げ、二〇〇五〜〇六（平成一七〜一八）年にかけて調査研究をし、二〇〇七年三月「報告書」[3]を出しました。これによると、

調査の対象は、都道府県男女共同参画担当、女性関連施設、文書館、図書館、女性団体、女性史研究会、女子大学など、三一八五カ所で、回答は一九一三カ所。個人は含まれていません。

対象とした史資料は、明治期以降一九七五年ころまで。

史資料の所蔵状況は、女性関連施設　約八〇%、女性史研究会　約六〇%、

史資料寄贈の可否は、女性史研究会　寄贈したい　五八・六%　寄贈を検討する　三四・五%

計九三・一％、
　女性団体　寄贈したい　一八・八％　寄贈を検討する　五三・一％　計七一・九％、
などとなっており、公的機関以外では史資料の保存に苦慮している状況が見てとれます。また女性史の「つどい」でアピールを繰り返し出していることが裏づけられるとも記しています。
　各地の女性史研究会は、ほとんど会館をもたないため史資料は個人宅に所蔵していますが、会員が高齢化し、その保存先に悩んでいます。女性団体は会館をもっているところもありますが、史資料の整理保存には専門的な知識と時間とお金が必要で、それが可能なところはほとんどありません。市川房枝記念会女性と政治センターはその数少ない会の一つで、昨年（二〇〇八年）婦選会館を耐震構造でリニューアルしましたが、市川房枝の残した貴重な史資料を中心とした資料室があり、専門家が整理し公開しています。主婦会館（主婦連）は、会館はありますが、史資料の整理・公開は難しいためでしょうか、創立者の「奥むめおコレクション」はヌエックに寄贈されています。
　結論として「女性関係史・資料は当然、すべての関係機関ごとに存在し、その七三・〇％の資料は閲覧可・一部可としているものの、四五・五％には目録等はなく、その存在が知られていない、という状況が見える」としています。
　なお、オランダのＩＩＡＶ（国際女性運動アーカイブ情報センター、ヨーロッパ最大の女性情報センター）を調査したのち、「欧米等に比べ、日本では女性に関する研究の基盤となるジェンダーの視点で女性を捉えた史資料の蓄積・提供が極めて不十分な状況にある」とも記しています。

② アーカイブセンターの基本方針

(1) 収蔵する分野

i　女性(婦人)教育
ii　女性問題、女性労働、女性運動、女性政策
iii　女性史編纂関連資料
iv　女性関係団体・機関
v　国立女性教育会館に関する資料

(2) 収集対象の時代

明治以降、一九八五年まで

(3) 対象とする地域

原則として全国的に影響をもった事例にかかわる資料を主に収集すること。特定の地域、地方にのみかかわるものは収集対象としない

こうした方針のもとに準備が進められ、二〇〇七年一一月には「女性アーカイブセンター開設先行展示」が行われました。展示の中心は、①奥むめおコレクション　②稲取婦人学級資料　③『全国婦人新聞』資料でした。そして前述のように、二〇〇八年六月一二日アーカイブセンターはオープンしました。

しかし、問題は残されています。それは、

①　喫緊の課題としてあった地域女性史史資料の問題は、このアーカイブから除外された

②　前近代女性史史資料の問題は、まったく視野に入っていない

などです。

神田道子理事長は、全国的な史資料の保存・公開状況については、インターネットによる検索ができるよう準備を進め、女性問題・女性史のナショナルセンター的な役割を果たせるようにしたいと述べてはいますが、地方での整備も進まないなかで、なかなか困難な状況です。

（3）　地域女性史史資料保存の現状について

地域女性史の刊行状況については、『増補改訂版　地域女性史文献目録』（折井美耶子・山辺恵巳子　ドメス出版、二〇〇五年）によると、約一三〇〇点出版されています。同題名で上下、

ⅠⅡなどは一点としてカウントしていますので、約一四〇〇〜一五〇〇点くらいでしょうか（以後ももちろん発行されています）。

これら地域女性史を執筆・編纂する際、用いられた史資料の保存状況についての全国的な調査はありません。ヌエックの調査がこれに近いものと思えますが、個人所蔵は含まれていませんので、かなりの開きがあると思われます。しかしこの調査でも、女性史研究会関係で九〇％以上がヌエックに寄贈したいとしているのをみても、保存に苦慮している状況がわかります。なかでももっとも心配されるのが、聞き書きのテープです。全国でどのくらいあるのか、これもまた調査がないのでわかりません[4]。私の概算で、一万人近い聞き書きが行われているのではないかと推測されます。これらのテープの話者には、すでに亡くなられた方も多く、この貴重なテープが個人宅で死蔵、劣化、廃棄されているのではと思われます。

一九八〇〜九〇年代にかけて自治体の女性政策の一環として、市民と研究者が協力して地域女性史の編纂がかなりの地域で行われました。この史資料は、おおむね女性センター（男女共同参画センター）に保管されているようです。しかし二一世紀に入るころから強まってきたジェンダーバックラッシュのもとで、女性センターの存立そのものが危うくなってきています。廃止、縮小あるいは民間委託などの方向がいろいろな地域で打ち出されています。

以下、各自治体での女性史編纂と、その史資料保存の状況について、私が身近に把握しているいくつかの具体例を述べます。

① **神奈川県**

神奈川県立かながわ女性センター

『夜明けの航跡――かながわ近代の女たち』ドメス出版、一九八七年

『共生への航路――かながわの女たち'45～'90』ドメス出版、一九九二年

史資料のうちカードは製本して保存、テープは茶封筒に入れて保存。

ほかに山川菊栄関係資料、国鉄労組婦人部関係資料もある。

県は、二〇〇二年にセンター機能の見直し、移転を検討。これに対し女性たちから反対の声があがり、二〇〇八年六月、見直し検討委員会がスタート、県内の女性史関係一〇グループが知事宛にいっせいに陳情の手紙を出した。(5)

② **神奈川県川崎市**

川崎市中小企業・婦人会館

『多摩の流れにときを紡ぐ――近代かわさきの女たち』全二巻　ぎょうせい、一九九〇年

編纂終了後、資料は資料室に半永久保存の約束で保管。

しかしその後、当時の編纂委員にまったく相談もなくすべて廃棄。担当者が次々と代わり、史資料保存・公開の意義が理解されていない。

③　**東京都千代田区**

千代田区男女共同参画センター

『千代田区女性史』全三巻　ドメス出版、二〇〇〇年

区役所本庁舎新築に伴い、センターも新庁舎に移転、とりあえずという形で保管されている。

④　**東京都中央区**

中央区立女性センター

『中央区女性史――いくつもの橋を渡って』全二巻　ドメス出版、二〇〇七年

編纂終了後、区立郷土資料館が聞き書きのテープのみ引き受け、ＣＤ化することに決定。現在、公開の承諾を取る方向で検討中。

⑤　**東京都杉並区**

区民が企画し、区の助成を得て刊行。男女平等推進センター

『杉並の女性史――明日への水脈』ぎょうせい、二〇〇二年

編纂終了後、聞き書きのテープと起こしの原稿を郷土博物館に収蔵。聞き書きのリストを公表。テープを聞きたい人は直接、話者本人と連絡をとり、了解を得ることという条件。しかしその後、個人情報保護法が成立し、担当の係が公務員として話者の連絡先を教えること

はできないとして、編纂委員（委員会は解散、元編纂委員の一人）に返却。

⑥　**東京都世田谷区**

女性政策課。女性センターは編纂に直接はかかわっていない

『里から町へ　一〇〇人が語るせたがや女性史』ドメス出版、一九九八年

『せたがや女性史　近世から近代まで』ドメス出版、一九九九年

編纂終了後、女性政策課に史資料の半永久保存について念を押して依頼。しかしその後、女性政策課が文化・国際・男女共同参画課に組織替え。

元編纂委員が二〇〇七年に史資料の保存状況について問い合わせをしたところ、起こしの原稿のみ保存、あとはテープも含めてすべて廃棄。元編纂委員たちの抗議を受けて、複製のテープを保管している人から借用し（四本のみ）ＭＤ化して、起こし原稿と一緒に公文書庫に保管。公開は考えていない。

以上の事例をみても、女性史史資料が貴重なものとは考えられていないことがわかっていただけるのではないでしょうか。

4　地域女性史史資料の保存・公開に関する問題点

史資料の所在について考えますと、

ⅰ　個人が所有・所蔵している史資料（個人での研究、女性史研究会などのグループで研究、住民運動、労働運動や女性運動などにかかわっていた人が所蔵）は所有者の高齢化、史資料の未整理・劣化など問題が多く、いずれ散逸する恐れがあります。

ⅱ　女性センター（男女共同参画センター・課など）が所蔵している史資料はセンターや課などの部署の変更に伴って担当者も変わりますので、史資料の重要性の認識が欠落して紛失するか、一般文書なみあるいはゴミとして廃棄される恐れが多分にあります。また保存したとしても、担当者に史資料整理・保存・公開についての知識がないため、適正な扱い方ができていません。

前述したように、ヌエックのアーカイブセンターは原則として地域女性史の史資料は収集しないことになっています。個人の所蔵については限界がみえていますし、なんとか地域における専門的な施設、たとえば公文書館、郷土資料館・郷土博物館などに受け入れてもらえないでしょうか、というのが、地域女性史をやってきた私たちの切実な願いです。本来ならば神奈川の女性たちが取り組んでいるように、女性センターの資料室に専門のアーカイブが付設されるのが理想かと考えますが、市区町村などは規模的にも難しく、都道府県単位では財政的には可能だと思えますが、大阪府では橋下府政のもとドーンセンター（女性センター）を丸ごと売却するような方向が打ち出されていたり（もちろん大阪の女性たちは反対している）、東京都ではウィメンズプラザで実現することが望ましいのですが、オリンピック誘致に熱を入れている石原都知事のもとで望み薄です。

おわりに

女性史史資料の問題がこのようなかたちで取り上げられたのは、初めてではないでしょうか。私が地域女性史の研究を始めたころ（一九七〇年代）は、郷土資料館などに史資料を求めて行っても、「女性史の史資料？　そんなものはここにはありませんね」といわれるのがオチでした。

残念ながら現在でも女性史研究・女性史史資料についての理解は薄いと思われます。私たちの強い要望にこたえる形でオープンしたヌエックのアーカイブセンターは、地域の史資料は収集しないが、ナショナルセンター的な役割は果たしたいと述べています。ぜひ各地の公文書館・郷土資料館・郷土博物館などで地域女性史の史資料を受け入れていただきたいと、要望いたします。

それが目録化されてヌエックで検索できるようになれば、地域女性史の研究もいちだんと進むのではないかと考えます。

（二〇〇九）

注

（1）「女性史資料の保存・公開についてのアピール」巻末資料参照。

（2）第一二回の「つどい」は、二〇一〇年九月四、五日、東京で開催。

（3）『女性アーカイブセンター機能に関する調査研究報告書』国立女性教育会館、二〇〇七年三月

（4）二〇〇八年一〇月一一日、日本オーラル・ヒストリー学会の実践交流会において「オーラル・ヒストリー史資料の収集・保存・公開について」報告する際、事前に東京・近県の女性史研究団体の三〇グループにアンケート調査をした。回答二七グループのなかで、聞き取りテープは一四四四人分あることが判明した。

（5）その後、「散逸した資料は、二度と元に戻せない。貴重な県の財産を守ってほしい」と、二〇〇九年三月の議会に向けて、アーカイブ機能をもった資料室・図書室の完備を求めて署名運動を展開している。

神奈川県立かながわ女性センターが廃館になったのち、ここに収蔵されていた史資料は、神奈川県立図書館内の「女性関連資料室」に移転・収蔵されている。

2　史料保存利用問題シンポジウムに参加して

はじめに

二〇〇八（平成二〇）年六月二一日、学習院大学において開催された日本歴史学協会・日本学術会議史学委員会・全史資料協専門職問題委員会共催の「史料保存問題シンポジウム　公文書館法施行二〇周年に考える」で、報告いたしました。テーマは「地域女性史資料の保存と管理・公開――国立女性教育会館のアーカイブ問題を含めて」で、総合女性史研究会からの報告という形でした。

ご参集のみなさんはアーキビストあるいは史料問題を専門としている方々のようで、私のような専門外の者が発言してもいいのだろうかとも思われましたが、地域女性史史資料保存の問題は、切実な課題であり、全国の仲間たちの声を代表してと考えて報告させていただきました。

1　女性史史料の保存問題について

女性史史料、なかでも地域女性史の史料保存問題は、現在緊急を要する課題となっています。地域女性史の研究は、一九六〇年代から個人の研究として始まっていますが、七〇年代からは各地で女性史研究会が発足して、開き書きや年表づくりが行われるようになりました。また一九七五（昭和五〇）年の国際女性年以後は、女性問題が社会的にもクローズアップされ、女性差別撤廃条約にもとづく女性政策が各自治体でも策定されるようになり、その政策の一環として自治体が主導する地域女性史の編纂が八〇年ころから活発に行われるようになりました。

女性史を研究する場合、女性に関する文字史料は非常に少なく、その全体像を明らかにするためにはどうしても聞き書きが必須となります。現在、北海道から沖縄まで約一三〇〇編の地域女性史が発刊されており(1)、そのなかで用いられている聞き書きは、概算で一万人分くらいあるのではと考えられます(2)。文字史料も、従来は史料としてかえりみられないようなもののなかから探し出した貴重なものが数多くあります。

これらの史料の多くは個人、あるいは地域女性史を発刊した女性センター（男女共同参画センター）が保管しています。しかし個人は高齢化が進み保管が難しくなり、女性センターは史料保存に関して理解度が低く、職員が異動すると一般文書などとして廃棄されるケースが多く見られます。また二一世紀に入ってからのジェンダー・バックラッシュによって、規模が縮小されたり廃止されたりしているのが現状です。

こうした危機感から、一九九八（平成一〇）年に神奈川県で行われた「第七回全国女性史研究交流のつどい[3]」では、「女性史資料の保存・公開についてのアピール」（巻末資料参照）が採択され、関係各機関に送付されました。その後の「つどい」でも毎回アピールが採択され、第一〇回の「つどい」では国立女性教育会館（以下、ヌエック）へ「女性アーカイブセンター設立の要望書」を提出しています。二〇〇七年には、首都圏で行われている「第八回女性史研究東京連絡会[4]」でもヌエックへ「要望書」を提出し、その後、直接神田道子理事長と面談し要望を伝えました。

2　ヌエックアーカイブセンター

ヌエックではアーカイブを構築するために二〇〇五（平成一七）年〜〇六年にかけて調査研究を行い、〇七年に「調査研究報告書」を出しています。

調査の対象は、都道府県男女共同参画担当、女性関連施設、文書館、図書館、女性団体、女

性史研究会、女子大学などで、個人は含まれていません。三一八五通のうち回答は一九一三通で、対象とした資料は明治期以降一九七五年ころまでとしています。

この調査の結果によっても、公的機関以外では資料の保存に苦労している状況が見て取れます。これらの調査を踏まえて、二〇〇八年六月一二日アーカイブセンターはオープンしました。

その基本方針は、

（1）収蔵する分野

①女性（婦人）教育

②女性問題、女性労働、女性運動、女性政策

③女性史編纂関連資料

④女性関係団体・機関

⑤国立女性教育会館に関する資料

（2）時代

明治以降、一九八五年まで

（3）地域

原則として全国的に影響をもった事例にかかわる資料を主に収集する。特定の地域、地方にのみかかわるものは収集対象としない

ということになっています。

この方針からみえてくることは（1）緊急課題として要請していた地域女性史史資料の問題はこのアーカイブでは解決しない。（2）前近代史資料の問題も視野には入っていない、などが考えられます。

なお、ヌエックの神田道子理事長は私たちとの面談で、地方における女性センターや文書館、郷土資料館、図書館などと結ぶ、女性問題に関する史資料のインターネットによるナショナルセンター的な役割を果たしたいとの考えを示していました。しかし地方における史資料の存在がバラバラで特定しがたいこともあり、また個人所蔵の場合公開が難しいことなど問題も多く、まだまだ時間がかかるのではないかと思われます。

3　地域女性史史資料保存の具体的な状況

地域女性史史資料の保存についての全国的な調査は、管見の限りではありません。ヌエックの調査がもっとも近いといえますが、これには個人の所蔵史資料は含まれておりませんし、ある意味ではこの個人所蔵史資料がいちばん緊急を要する課題ともいえます。また女性史研究会など団体が所蔵している場合も、その多くは施設がないため個人宅に収蔵されており、ヌエック調査でも九〇％以上がヌエックに寄贈したいと望んでいるのをみても保存に苦慮している状況がみてとれます。

なかでももっとも懸念されているのが聞き書きのテープです。前に記したように推測で約一万人分ある全国の貴重なテープが個人宅で死蔵、劣化、廃棄されているのではないかと思われます。テープについては、別の問題として劣化だけでなく最近の機器の進化によって、音声を再現する手段がなくなる可能性もあります。

自治体が主導して編纂した、地域女性史の史資料のその後について、私が知るいくつかの例——たとえば神奈川、川崎、世田谷、杉並などをみても、史資料の保存がないがしろにされていることがわかります。

4　地域女性史史資料保存・公開の問題点

以上の状況からいくつかの問題点が浮かびあがってきています。

（1）史資料の所在

①個人が所有している場合

女性運動、労働運動、住民運動などにかかわっていた人。女性史研究会や個人で研究を行った人で、年月とともに史資料が劣化する。所有者の高齢化あるいは死去によって散逸あるいは廃棄される。

②女性センターが所有している場合

史資料整理・保存・公開についての専門的な知識をもたない職員が管理することによる史資料の紛失・廃棄。センターあるいは女性政策課など部署の変更、施設の廃止などに伴う紛失、廃棄。

いずれにしても現状のままでは、貴重な地域女性史史資料はいずれ消失の憂き目をみることになるのではないかと危ぶまれます。

（2）史資料の「現地保存」

ヌエックのアーカイブは、原則として地域女性史史資料は収集しない方針です。これは地域の史資料は地域で保存・公開する「現地保存」が原則的でもあり、正しい方向ではあります。そこで地域女性史史資料は、やはり地域のしかるべき施設、公文書館・郷土博物館・郷土資料館などに収蔵するのがあるべき方向ではないかと考えられます。神奈川のように、女性センター内部の図書館にアーカイブを付設することは一つの理想的形態ではありますが、現状ではかなり難しい課題です。

（3）音声資料の問題

地域女性史史資料でいちばん問題になるのは音声資料（聞き書きのテープ）です。日本ではまだまだ音声資料は重要視されていないように思われます。私がかつて訪れたイギリスのナショナルギャラリーでは、音声資料はきちんと一部門として確立されており、人間の肉声のみならずさまざまな音が保存され、公開されていました。日本では放送に関する限りではNHK放送博物館がそれにあたるようです。国会図書館にも著名な政治家の聞き書きがあるようですが数は少なく、現在ではその収集も途絶えていると長尾真元国会図書館長はいっています。[5]

また最近、歴史学のみならず社会学、人類学などさまざまな分野でのオーラル・ヒストリーが盛んに行われるようになってきています。音声のみならず、映像も含めた記録を残す場合もあります。もちろん大学など研究機関での仕事の場合は、保存に苦慮することはないでしょう。二〇〇八（平成二〇）年一〇月、日本オーラル・ヒストリー学会でも「オーラル・ヒストリー史料の収集・保存・公開」の実践交流会で私も報告しましたが、同じ報告者で総合研究大学院大学の平田教授によると、「巨大科学と大学共同利用機関」をめざしての巨大オーラル・ヒストリーの総予算は二五〇〇億円とのことで、その金額の大きさにびっくりするのみで溜息も出ませんでした。地域女性史研究はほとんど在野の学問で、自治体の企画の場合は予算がつくこともありますが、おおむね手弁当で行われています。したがって史資料のきちんとした整理・保存までは手がおよばないのが実情です。

おわりに

地域女性史史資料の問題が、こうした形で取り上げられたのは初めてではないでしょうか。アーキビストでもない私が浅学をもかえりみず報告させていただいたのは、史資料の保存に苦慮している全国の女性史研究者の声をみなさんにお届けしたいと考えたからです。

女性史研究そのものが、従来の歴史研究に欠落していた人類の半分・女性たちのあゆみを記録することによって、新しい歴史の全体像を構築することを一つの目標としています。地域の女性史およびその史資料は、新しい地域史の構築に大きく寄与することになると思います。ぜひ、音声も含めた地域女性史史資料にご理解をいただきたいと願っております。

（二〇〇九）

注

（1）『増補改訂版　地域女性史文献目録』折井美耶子・山辺恵巳子　ドメス出版、二〇〇五年では一二七六編で、その後の出版を入れて約一三〇〇編とした。

（2）二〇〇八年、首都圏の地域女性史研究グループへのアンケート調査によると、二七グループが持っている聞き取りテープは一四四四人分である。概数は、前記の『目録』とアンケートから類推した。

（3）「全国女性史研究交流のつどい」は、自主的な集会で第一回が一九七七年名古屋で行われて以来、各地で開催され、二〇〇五年第一〇回が奈良で開かれた。
（4）東京および近県の地域女性史研究会による任意の連絡会。
（5）「シンポジウム　史料から何をつかむか」『女性展望』二〇〇九年一月号　市川房枝記念会女性と政治センター。

初出一覧

序　書き下ろし

第一章

・地域女性史の編纂にかかわって　『総合女性史研究』一九九五年五月号
・フェミニズムの大きな流れと地域女性史　『月刊社会教育』一九九二年二月号
・歴史をつくる女性たちの生の姿を（談）　『女性のひろば』二〇〇〇年二月号
・地域女性史へのアプローチ　『地域女性史文献目録』二〇〇三・五年
・コラム　女が歴史を綴る意味　『月刊地域保健』一九八九年九～一〇月合併号

第二章

・地域女性史研究の現状と課題　『歴史評論』一九九九年四月号
・地域女性史への心意気　女性史研究東京連絡会の発足　女性史研究東京連絡会　二〇〇七年五月
・地域女性史研究会「会報」の創刊に寄せて　「会報」創刊号　二〇一四年五月
・「第12回全国女性史研究交流のつどいin 岩手」参加記　『女性史学』二〇一六年
・地域・女性・歴史＝語り――来るべき地域女性史に向けて　ICUジェンダー研究センターシンポジウム　二〇一九年
・コラム　新たな女性史の未来をどう切り拓くか　『婦人通信』二〇一〇年一二月

第三章

・オーラル・ヒストリーと私　　『オーラル・ヒストリー総合研究会10年の記録』二〇一四年七月

・ライフヒストリーを語ること・学ぶこと　　『月刊社会教育』二〇〇七年八月号

・自分の生を編む――小原麗子　詩と生活記録アンソロジー　　『日本オーラル・ヒストリー研究』二〇一二年一二月

・地域女性史とオーラル・ヒストリー　　『日本オーラル・ヒストリー研究』二〇一一年九月

・女性史とオーラル・ヒストリー　　『史資料ハブ　地域文化研究』二〇〇三年九月

・コラム「小さな人々」が語る歴史――『戦争は女の顔をしていない』を読む　　『婦人通信』二〇一六年八月

第四章

・地域女性史史資料の保存と管理・公開　　『日本歴史学協会年報』二〇〇九年三月

・史料保存利用問題シンポジウムに参加して　　『記録と史料』第19号　二〇〇九年

資料編

1　全国女性史研究交流のつどい

	主催	日程	場所
第一回女性史のつどい	愛知女性史研究会	一九七七・八・二七～二八	名古屋市
第二回女性史研究のつどい	北海道女性史研究会	一九八一・八・九～一〇	旭川市
第三回全国女性史研究交流のつどい	実行委員会	一九八三・八・六～七	藤沢市
第四回全国女性史研究交流のつどい	実行委員会	一九八六・八・九～一〇	松山市
地域女性史交流研究会	足立女性史研究会	一九八九・三・四～五	東京都足立区
第五回全国女性史研究交流のつどい	実行委員会	一九九二・九・五～七	那覇市
第六回全国女性史研究交流のつどい94やまがた	実行委員会	一九九四・九・三～四	山形市

第七回全国女性史研究交流のつどいinかながわ	実行委員会	一九九八・九・五～六	藤沢市
第八回全国女性史研究交流のつどいinぎふ	実行委員会	二〇〇一・九・一～二	岐阜市
第九回全国女性史研究交流のつどいinにいがた	実行委員会	二〇〇三・九・六～七	新潟市
第一〇回全国女性史研究交流のつどいinなら	実行委員会	二〇〇五・九・三～四	奈良市
第一一回全国女性史研究交流のつどいin東京	実行委員会	二〇一〇・九・四～五	東京都
第一二回全国女性史研究交流のつどいin岩手	実行委員会	二〇一五・一〇・九～一一	遠野市・大槌町・宮古市

「全国女性史研究交流のつどい」は、愛知女性史研究会の呼びかけによって一九七七（昭和五二）年に始まった。全国組織があっての大会ではなく、各地域が独自に実行委員会を結成し、全国の仲間に呼びかけ、二～四年に一回の間隔で開催された。

女性史・地域女性史研究の発展に一定の影響をおよぼしたと考えられるが、岩手で開かれた第一二回ののち、次回開催の手はまだ上がっていない。一から一二回までの報告集（資料集を出した回もある）は、参加者に配布されているが、市販はされていない。目を通してみると、女性史資料として貴重な報告が収録されている。WANに収録されたので、この資料が若い研究者たちに活用されることを望んでいる。

2　女性史研究東京連絡会

	日程	場所	参加団体	参加者
準備会	一九九五・二・二四	豊島区男女平等センター	七団体	一五人
第一回女性史研究東京連絡会	一九九五・一二・二	おおた女性センター	一〇	三二
第二回女性史研究東京連絡会	一九九七・九・二七	足立区女性総合センター	一〇	四五
第三回女性史研究東京連絡会	一九九九・四・三	新宿区女性情報センター	一八	五九
第四回女性史研究東京連絡会	二〇〇〇・七・九	ティアラ江東	一五	五四
第五回女性史研究東京連絡会	二〇〇二・四・七	北とぴあ	一八	六八
第六回女性史研究東京連絡会	二〇〇三・六・二一	阿佐ヶ谷地域区民センター	二〇	六三
第七回女性史研究東京連絡会	二〇〇五・六・四	目黒区緑ケ丘文化会館	二四	六〇
第八回女性史研究東京連絡会	二〇〇七・五・一二	千代田区役所区民ホール	二八	一二一

第九回女性史研究東京連絡会	二〇〇九・一〇・三	武蔵野市スイングホール	二六	八三
第一〇回女性史研究東京連絡会	二〇一二・一一・一七	練馬区男女共同参画センター	二八	七四

山形で開催された「つどい」のあと、東京の参加者から「東京にはいくつもの女性史研究グループがあるのに横のつながりがない。交流しあえたらいい」という声が出て、この連絡会ができた。その後、東京から近県のグループへと輪を広げ、不定期ながら一〇回と回を重ねた。二〇一四（平成二六）年に全国の地域女性史を研究する人々を結集する地域女性史研究会が設立され、さらに広い視野で地域女性史研究の交流が可能になったこともあり、二〇一六年をもって東京連絡会は終了となった。

3　オーラル・ヒストリー総合研究会

発会式および第一回例会　二〇〇三・一・三一　文京シビックセンター
講演　中野卓「オーラル・ライフ・ヒストリーについて」
第二回例会　二〇〇三・三・一四　アルカディア市ヶ谷私学会館
「ポール・トンプソン氏を迎えて」
オーラル・ヒストリー総合研究会は、二〇〇三（平成一五）年一月に発足、同年五月に機関紙「Oral History Workshop News」を発行。現在四七号まで発刊しており、一号から二五号までは、冊子『歴史と自己の再発見』としてまとめられている。なお二〇二〇年度の第四八回例会は、新型コロナ蔓延《まんえん》のため中止となり、活動はニュースの発行のみとなっている。

4　地域女性史研究会

発会式　二〇一四・三・九　東京ウィメンズプラザ第一会議室
　記念講演　永原和子「地域に根ざし　地域を超える」

設立の趣旨
　女性史研究に関する学会・研究会は、総合女性史学会をはじめとして女性史総合研究会、ジェンダー史学会、日本オーラル・ヒストリー学会などがありますが、地域女性史に特化した全国的な研究組織はまだありません。
　各地の女性史研究会は、それぞれ研究成果を積み上げてきましたが、地域や日本の歴史研究に、一定の影響力をもつにはいたっていないのが現状ではないでしょうか。
　一九七五（昭和五〇）年の国際女性年をきっかけとして、一九八〇～九〇年代にかけて自治体が女性政策の一環としての地域女性史を編纂する事業が各地で行われました。しかし二〇〇〇（平成一二）年前後から「もう女性問題は終わった」かのような言説やジェンダーバッシングが行われて、自治体による編纂は影を潜めてしまいました。

そのようななかでも地域女性史に対する女性たちの熱意は衰えることなく、各地で自主的・自覚的に資料を集め、聞き書きを行い、出版費用を捻出して出版にこぎつけています。とはいえ、女性年以前からある組織も含めて多くの会で、会員の高齢化、減少といった悩みが「全国女性史研究交流のつどい」などでも出されるようになっています。

研究集会や紙誌などによる定期的な交流によって、地域女性史研究の情報交換、理論化を含むレベルアップ、若い層への積極的な呼びかけなどが緊急に必要ではないかと思われます。全国的な規模で議論を重ねるなかで、自治体史・地域史のみならず日本の歴史に対して、「つけたし（史）」ではなく、「書きなおし（史）」をめざす場として、地域女性史研究会を設立いたします。

＊地域女性史研究会は、二〇一四年三月に発足、同年五月に機関紙「地域女性史研究会会報」第一号を発行し、現在第二四号まで発行しており、会誌『地域女性史研究』は、二〇一八年一〇月に創刊号を発行、隔年刊のため、第二号は二〇二〇年に発行されている。

5　女性史資料の保存・公開についてのアピール

「第七回全国女性史研究交流のつどい」の「地域女性史」分科会で学習・研究交流を深めた私たちは、行政に対し、次のように要望いたします。

近年、地域女性史を記録に残そうという動きが全国各地で広がっています。ときには行政も支援し、都道府県・市・区町村・市民・専門家が協力し合い、あるいは手づくりの自費出版のものなど、一九九八（平成一〇）年現在、約五〇〇点もの刊行物が編まれるにいたっています（当つどい「地域女性史」分科会調べ）。

しかし活字になることも、語られることも少なかった女たちの歴史は、資料となるものもまたきわめて稀でした。したがって編纂にあたる者たちが、ぼう大な労力を費やし集めた資料・写真類などは、女性史にとってはもとより、日本の歴史にとっても貴重なものといえます。にもかかわらず、女性史編纂・出版の後は、それら収集した資料が散逸してしまいがちなことに、ここにつどった私たちは深い憂慮の念をいだいています。

私たちは、国・地方自治体に次のことを要望いたします。

自治体および民間のグループ・個人が収集した地域女性史の貴重な資料の散逸を防ぐため、資料の整理・保存・目録の作成をし、整理された資料を、必要とする団体・個人が、だれでも使用できるように常設する場を設け、公開すること。

一九九八年九月六日

第七回全国女性史研究交流のつどい　参加者一同

あとがき

最近刊行された『歴史評論』（二〇二一年七月号）は、特集が「女性史・ジェンダー史から問う自治体史」となっており、考えさせられるところが多かった。日本の自治体史だけでなく、「バーミンガム市史とジェンダー」ではイギリスの、「現代台湾の地方史編纂とジェンダー」では台湾と、諸外国の自治体史をとりあげていることにも興味をひかれたが、もっとも考えさせられたのは巻頭の近世史研究者　藪田貫氏の「自治体史編さんという経験」だった。

「自治体史に女性の史料を追加する――〝つけたし（史）〟」ではなく、「生身の固有名詞のある女性（たち）を発掘」し、ジェンダーの視点による「書きなおし（史）」をと述べている。私自身もかつてある自治体で、やむをえずこの「つけたし（史）」をさせられたことがある。

本書の副題に「祖母たち・母たちの物語を紡ぐ」とつけたのは、実際の祖母や母だけでなく、延々といのちを紡いできた女たち、なにがしかの名を遺した女性のみではなく、市井の女（ひと）のあゆみを残すことが地域女性史の真骨頂であり、それこそが「書きなおし（史）」に迫る第一歩だとも思っているからである。

また昨年、国立歴史民俗博物館で行われた企画展示「性差《ジェンダー》の日本史」は、画期的な展示であった。この企画についての全体的な感想はまた別の機会にしたいが、なかでももっとも興味をひかれたのは第一章　古代社会の男女　である。「『魏志倭人伝《ぎしわじんでん》』の風俗記事によると、倭の社会では政治集会の場に、父子・男女の区別なく参加したという。……男女の政治参加は、古代を貫く特色である」とされている。また「古墳時代になっても、男女首長が並存する状態はつづく」とも書かれている。日本には古墳が約一六万基あるという。そのうち女性が埋葬されている古墳はどれくらいだろうか。

民主主義の発祥の地とされるギリシャでは、「民会に参加する資格があったのは、父親がアテナイ市民である成人男性にかぎられました」（宇野重規『民主主義とは何か』講談社現代新書　二〇二〇年）。女性は奴隷とともに排除されていた。

地域女性史の研究が、暮らしの隅々からジェンダーの視点で歴史を見直すことによって、大文字の歴史が書き直されることを、そして若い人々が研究に参加し継続してくださることを切に願っています。

本書の出版にあたっては、編集者の矢野操さんには本当にお世話になりました。心から感謝申し上げます。

最後になりましたが、ドメス出版で長い間編集長をなさっており、いろいろとお世話になった鹿島光代さんが亡くなられたと伺いました。心からご冥福をお祈りいたします。

二〇二一年九月

折井美耶子

著者紹介

折井　美耶子（おりい　みやこ）

1935年　東京都生まれ

女性史研究者　地域女性史研究会代表

著書　『地域女性史入門』2001年　ドメス出版
　　『近現代の女性史を考える　戦争・家族・売買春』2015年
　　　ドメス出版

編・解説　『資料　性と愛をめぐる論争』1991年　ドメス出版

共著　『薊の花——富本一枝小伝』1985年　ドメス出版
　　『写真集　女たちの昭和史』1986年　大月書店
　　『日本女性史』1987年　吉川弘文館
　　『日本女性生活史　近代』1990年　東京大学出版会
　　『夫婦別姓への招待』1993年　有斐閣
　　『歴史に人権を刻んだ女たち』1996年　かもがわ出版
　　『せたがや女性史　近世から近代まで』1999年
　　　ドメス出版　新宿、江東、川崎、北九州など地域女性史多数
　　『「青鞜」を学ぶ人のために』1999年　世界思想社
　　『近現代日本女性人名事典』2001年　ドメス出版
　　『「青鞜」人物事典』2001年　大修館書店
　　『民族・戦争と家族』2003年　吉川弘文館
　　『地域女性史文献目録』2003年　（増補改訂版）2005年
　　　ドメス出版
　　『20世紀の戦争とは何であったか』2004年　大月書店
　　『新婦人協会の研究』2006年　『新婦人協会の人びと』2009年
　　　ドメス出版
　　『結衆・結社の日本史』2006年　山川出版社
　　『オーラル・ヒストリー　橋浦家の女性たち』2010年
　　　ドメス出版
　　『少女たちの昭和』2013年　河出書房新社
　　『女たちが立ち上がった　関東大震災と東京連合婦人会』
　　　2017年　ドメス出版
　　『国際的視野から見る近代日本の女性史』2020年　慶応義塾大
　　　学法学出版会　ほか

地域女性史への道
祖母たち・母たちの物語を紡ぐ

2021年11月3日　第1刷発行
定価：本体1800円＋税

著　者　折井美耶子
発行者　佐久間光恵
発行所　株式会社 ドメス出版
〒112-0001 東京都文京区白山3-2-4
振替　0180-2-48766
電話　03-3811-5615
FAX　03-3811-5635
http://www.domesu.co.jp

印刷・製本　株式会社 太平印刷社

ISBN 978-4-8107-0858-5　C0036

折井美耶子　近現代の女性史を考える――戦争・家族・売買春　二五〇〇円

折井美耶子・女性の歴史研究会編著　女たちが立ち上がった――関東大震災と東京連合婦人会　二八〇〇円

折井美耶子・女性の歴史研究会編著　新婦人協会の研究　三五〇〇円

折井美耶子・女性の歴史研究会編著　新婦人協会の人びと　三〇〇〇円

新宿区地域女性史編纂委員会編　新宿　女たちの十字路――区民が綴る地域女性史　二三〇〇円

世田谷女性史編纂委員会編　せたがや女性史――近世から近代まで　二三〇〇円

北九州市女性史編纂実行委員会編　おんなの軌跡・北九州――北九州市女性の一〇〇年史　二八五七円

伊藤　康子　市川房枝――女性の一票で政治を変える　二八〇〇円

佐藤　瑞枝　福田昌子とその時代――戦後改革期　女性国会議員の10年　二四〇〇円

折井美耶子編集・解説　資料　性と愛をめぐる論争　三八〇〇円

折井美耶子　地域女性史入門　一八〇〇円

折井美耶子・山辺恵巳子　増補改訂版　地域女性史文献目録　一三〇〇円

＊表示価格は、すべて本体価格です。